J. Franz L. von Erlach

Die Kriegführung der Polen im Jahr 1863.

Nach eigenen Beobachtungen.

J. Franz L. von Erlach

Die Kriegführung der Polen im Jahr 1863.
Nach eigenen Beobachtungen.

ISBN/EAN: 9783743637061

Hergestellt in Europa, USA, Kanada, Australien, Japan

Cover: Foto ©ninafisch / pixelio.de

Weitere Bücher finden Sie auf **www.hansebooks.com**

Die Kriegführung der Polen im Jahr 1863.

Nach eigenen Beobachtungen,

von März bis August

an Ort und Stelle gesammelt.

von

J. Franz L. von Erlach,
Oberstlieutenant im Eidgenössischen Artillerie-Stab.

Mit mehreren in den Text gedruckten Holzschnitten und einer lithographirten Tafel.

Darmstadt & Leipzig.
Eduard Zernin.
1866.

Die Kriegführung der Polen im Jahr 1863.

Nach eigenen Beobachtungen

von März bis August

an Ort und Stelle gesammelt

von

J. Franz L. v. Erlach
Oberstlieutenant im Eidgenössischen Artillerie-Stab.

Mit mehreren in den Text gedruckten Holzschnitten und einer lithographirten Tafel.

Darmstadt & Leipzig.
Eduard Zernin.
1866.

Druckfehler-Berichtigung.

Seite	1	Zeile	10	von unten,	zu	Gang meiner Beobachtungen füge bei (Fig. XIV.)
„	21	„	7	von oben,	statt	Sau lies: San.
„	43	„	20	„ „	„	nach lies: noch.
„	56	„	14	„ „	„	Dienstlehren lies: Dienstkehren.
„	60	„	13	„ „	„	etwa 10 Minuten vom Waldrande entfernt, lies: etwa 10 Minuten entfernt, am Waldrande.
„	74	„	18	„ unten,	der	Ueberschrift füge bei: (Fig. I. und XIII.)
„	76					Seitenzahl statt 74 lies: 76.
„	77	„	13	„ unten,	der	Ueberschrift füge bei: (Fig. II.)
„	79	„	19	„ oben,	der	Ueberschrift füge bei: (Fig. III.)
„	89	„	14	„ „	statt	Dache lies: Bache.
„	90	„	18	„ unten,	nach	Erhebung füge bei: (A.)
„	„	„	16	„ „	„	Wiese „ „ (BCDE)
„	„	„	14	„ „	„	Streifen „ „ (F.)
„	„	„	12	„ „	„	Straße „ „ (G H.)
„	94	„	3	„ oben,	nach	Sklary „ „ (A.)
„	95	„	16	„ „	statt	Biniszuew lies: Biniszew.
„	97	„	13	„ „	nach	gewandt füge bei: (A.)
„	103	„	18	„ unten,	statt	sie lies: sich.

Inhalt.

Seite

Vorrede.

Die vaterländische Behörde wünscht, daß nachfolgende im Winter- und Christmonat 1863 in Löwenburg bei Dalsberg niedergeschriebenen ihr vorgelegten Aufzeichnungen, eigentlich nicht für die Oeffentlichkeit bestimmt, durch den Druck der Belehrung einer größeren Zahl von Officieren zugänglich werde. Wenn diesem Wunsche — mit wenigen durch persönliche Rücksichten gebotenen Aenderungen und Auslassungen — im Wesentlichen aber in der ursprünglichen Fassung der Arbeit gehorcht wird, und diese also mit vorwaltend schweizerischem Gepräge in die Welt tritt, so geschieht dies einestheils, um mit diesem Gepräge nicht auch manches Andere, das dem ersten lebendigen Eindruck entspringt und deßhalb einigermaßen ansprechen mag, zu verwischen, theils und hauptsächlich wegen der geistigen Verwandtschaft des schweizerischen Wehrwesens mit dem heutigen Polen-Kriege. Die Gefühle, welche dieser geistigen Verwandtschaft entsprangen, haben auch einen der drei Hauptbeweggründe zu der

Reise nach Polen gebildet, aus denen diese Beobachtungen hervorgingen. — Mögen die Polen glauben, daß diese Gefühle fester als je in mir wurzeln. — Sie werden solche vielleicht in diesen Blättern wiederfinden. Aus diesen Gefühlen geht die ungeschminkte Wahrheit in Lob und Tadel über ihr Volk hervor. Uebrigens ist der Tadel nur da ausgesprochen, wo es vorher schon ziemlich in denselben Worten durch Polen in bester Gesinnung geschehen war. — Namen sind nur solche genannt, deren Nennung die Genannten ausdrücklich erlaubt haben, oder die schon vorher in der deutschen Presse genannt worden sind.

Mögen Landsleute und Waffen-Kameraden diese Blätter freundlich gestimmt, alle Leser mit Nachsicht aus der Hand legen, und der von der Behörde gewünschte Zweck wenigstens einigermaßen erfüllt werden.

Bern, 1865.

Vorbemerkung.

Einer der drei Hauptbeweggründe zu meiner Reise nach Polen war die Absicht, mich für die Kriegführung im Vaterlande unter ähnlichen Verhältnissen wie die, unter welchen die Polen stehen, durch unmittelbare Beobachtung bestmöglichst zu befähigen. Ungeachtet die Kürze der mir dafür zu Gebote stehenden Zeit, der Gang meiner Erlebnisse und das Wesen der Kriegführung selbst mich weniger von eigentlichen Waffenthaten sehen ließen, als ich gehofft, so liegt doch in dem Beobachteten so viel, ja so außerordentlich viel mehr, als ich mir vorausdachte, das von größtem Nutzen als nachahmenswerth, wie auch als zu vermeiden für unser Wehrwesen ist, daß ich es für gut halte, der Behörde darüber Bericht zu erstatten. Auch wünsche ich dadurch die üble Meinung aufzuwiegen, welche sich über mich in Folge dieser Reise durch gänzlich entstellte und unwahre Berichte bei Behörden und Waffenkameraden verbreitet zu haben scheint. Die Ereignisse, welche dazu Anlaß gaben, sind für mich untergeordneter Art, verglichen mit dem später im Herzen des Kriegsschauplatzes Erlebten und Beobachteten.

Gang meiner Beobachtungen.

Die Reise aus der Schweiz nach Krakau bot wenig Gelegenheit zu unmittelbar auf die Kriegführung bezüglichen Wahrnehmungen; reich an Beobachtungen war dagegen mein darauf folgender Aufenthalt in Krakau, verbunden mit mehr oder weniger nahem Verkehr mit bedeutenden Personen unter Polen und Oesterreichern, wie — von Polen — dem General Kruszewski, Oberst Jordan, Fürst Jablonowski, Graf Wodzicki, einem jungen Herrn Jablonowski, einem der Redacteure des

Czas; unter Oesterreichern Feldmarschall-Lieutenant Bamberg, Höchstcommandirendem in Krakau. Besonders belehrend aber wurde für mich meine Haft, besonders im Polizeigefängniß, wo ich mit einer großen Zahl zum Theil sehr gebildeter Männer aus dem polnischen Heere wie auch mit dem weiblichen Adjutanten aus Langiewicz's Heertheil, Fräulein Henryka Pustowóitow, zusammenkam und aus ihren Mittheilungen wichtige Belehrung schöpfte. — Im Militärgefängniß auf dem Schloß war der Verkehr mit Mitverhafteten ganz verhindert. Jedoch entnahm ich den vor meinem Fenster gehaltenen Uebungen österreichischer Truppen verschiedener Waffen manches Bemerkenswerthe. Im Criminalgefängniß dagegen war mir wieder Alles, was ich von einem Mitgefangenen, mit dem mir der Umgang gestattet war, Herrn Wladislaw Zelinski, gewesenem österreichischen Offizier, vernahm, äußerst werthvoll. Ich wurde von der Criminalgerichtsbehörde freigesprochen und in Freiheit gesetzt, bloß mein Paß ward mit den Acten der Polizei überwiesen. Einige Menschen, die sich als Polizeidiener ausgaben, lockten mich zum zweiten Mal mit nichtswürdigster Lüge und Hinterlist in's Gefängniß, verhießen mir Einvernahme zu Protokoll, gestatteten sie mir aber niemals, sprachen mir nie ein Wort von Entlassung auf Ehrenwort, verhießen mir Freilassung, anstatt welcher ich mit Militärgewalt von Krakau nach Wien geführt, dort vom Verlangen und Versuch, auf die Schweizer Gesandtschaft zu gelangen, abermals mit Militärgewalt abgehalten wurde. Auf gleiche Weise ward ich nach Salzburg geführt.

Geleitet wurde ich damals, soviel mir bewußt und bekannt, von Niemand als von einem Infanteriefeldwebel mit vier Mann mit geladenem Gewehr, aufgesetzter Kapsel und gepflanztem Bajonnet. — Als höherer oder niederer Beamter oder Angestellter der Polizei gab sich mir auf keine Weise irgend ein Mensch während der Reise von Krakau nach Salzburg zu erkennen, außer einem Unteroffizier in der Wartstube des Abfahrtbahnhofs nach Salzburg in Wien. — Gegen solche Behandlung blieb mir kein anderes Mittel als die Anrufung möglichst vieler Zeugen, die ich denn nach

Kräften ausübte, und die schriftliche Aufforderung an den mich begleitenden Unteroffizier zur Aufnahme des Vorgefallenen in seine Meldung über Vollziehung des Befehls zu meiner Abführung. — Mein Benehmen dabei, so auffallend es war, beruhte auf einer durchaus kühlen Berechnung, deren Gründe hier nicht angeführt werden können.

Es möge mir diese kurze Abschweifung zum Zweck der Wahrung meiner Ehre verziehen werden.

Nach längerem Aufenthalt in München kehrte ich, absichtlich ohne Paß, den ich in Sachsen zurückließ, auf österreichisches Gebiet zurück, gelangte dazu, in Josephstadt schriftlich und mündlich mit dem dort verhafteten Langiewicz in wenn auch noch so kurze Berührung zu kommen, und reiste fortwährend auf österreichischem Gebiet und ohne Paß nach Krakau, wo ich mich öffentlich auf den Straßen und Plätzen der Stadt und vor der Polizei mehrere Tage aufhielt, reiste dann über Tarnow nach Lemberg, wo ich längere Zeit blieb, mit dem Fürsten Adam Sapieha, Herrn Henryk Nowakowski, Hauptredacteur des Goniec und mehreren tüchtigen Offizieren in höchst belehrenden Verkehr trat; dann reiste ich auf ein Gut im Norden von Lemberg, nahe der Grenze gegen Congreß- (sogen. russisch-) Polen, wo ich mehrere bestunterrichtete polnische Offiziere traf, überschritt unweit davon die Grenze, und reiste von Edelhof zu Edelhof unter vielfältiger Belehrung, theilweise durch den mich begleitenden Beamten der polnischen Nationalregierung, bis zum Lager der unter Befehl des Major Rucki stehenden Abtheilung Polen am Bug (Ostgrenze von Congreßpolen). Bei dieser Abtheilung und derjenigen von Krysinski blieb ich einige Wochen und sah ihre Lager, Uebungen, Märsche und Gefechte, wurde namentlich von Rucki über Manches zu Rathe gezogen und über alles Wesentliche unterrichtet. Dann reiste ich weiter, nachdem ich mit jenen Corps zwischen dem Bug von Dubienka (im Norden von Hrubieszow) bis gegen Brzesc-Litewski, und den Orten Bialla (an der von Osten gegen Warschau führenden Straße) und Chelm, an einer von Südost herführenden Poststraße und Lublin mich bewegt, wovon Beweise auf fast erstaunliche Art in meine Heimath gelangt sind. Meine Reise führte mich unter sorgfältigstem Durchwinden durch russische Truppen im Süden von Lublin durch, bei Pullawy auf's linke, unterhalb Demblin wieder auf's rechte und zunächst Warschau bei Góra wieder auf's linke Weichselufer. Warschau konnte ich wegen Mangelhaftigkeit der mir von polnischer Seite gegebenen Schriften gegenüber den inzwischen sehr geschärften russischen Polizeimaßnahmen nicht betreten, ich reiste dann von Pruszkow, der nächsten Station bei Warschau, auf der Eisenbahn, jedoch die polizeilich gefährlichen Stationen zu Fuß umgehend, mitten unter russischen Soldaten sitzend, bis zur vorletzten Station nächst der preußischen Grenze bei Thorn, überschritt diese Grenze unter größter Gefahr, im letzten Augenblick vorher noch gefangen genommen zu werden, bei Luisenfelde; reiste dann nach Posen, wo ich in Stadt und Umgegend mehrere hochgestellte Polen kennen lernte, und von da zum dritten Mal nach Krakau, wo ich den Fürsten Jablonowski noch näher als bisher, sowie Herrn Cäsar Haller und andere wohlunterrichtete Polen kennen lernte, auch dießmal von der österreichischen Polizei, ungeachtet meines öffentlichen Herumgehens und ihrer Absichten gegen mich, unberührt. Von diesem dritten Besuch Krakaus reiste ich über nichtösterreichisches Gebiet nach der Schweiz zurück.

Der Krieg der Polen als Volkskrieg.

Der gegenwärtige Krieg der Polen ist in einem seltenen Maße vollkommener Volkskrieg. Es sind deßhalb dabei alle rein kriegerischen Verhältnisse in weit höherem Maße als bei den meisten anderen Kriegen mit anderen Verhältnissen des Volks- und Menschenlebens vermischt und von solchen durchdrungen. Ein richtiges Bild vom heutigen polnischen Krieg ist daher unzertrennlich von der Erwähnung und Darstellung solcher nicht unmittelbar kriegerischer Verhältnisse.

Die unmittelbare Beobachtung des polnischen Volkes, verbunden mit einiger Untersuchung seiner Geschichte, läßt uns in ihm einen zu höchster geistiger Bildung, verbunden mit milden und menschlichen Sitten, außerordentlich befähigten Stamm erkennen.

Mit gerechtem Stolz beruft sich der Pole darauf, daß niemals einer seiner Könige eines gewaltsamen Todes, wie fast alle Czaren der Moskowiten, wie so viele Könige Frankreichs, Deutschlands, Großbritanniens und der Nordstaaten, gestorben sei, daß Polen niemals einen Religionskrieg gehabt, sondern zu allen Zeiten, von Anbeginn der Reformation an, die Glaubensfreiheit gesetzlich anerkannt habe, daß der Bauernstand erst in den letzten Jahrhunderten hintangesetzt, niemals aber, wie in anderen europäischen Staaten von vermeintlich weit höherer Bildung, eigentlich leibeigen, sondern bloß an die Scholle gebunden gewesen sei. — Ueberrascht wird der Fremde, auch wenn er sich damit bekannt glaubt, durch den das Gepräge der Hochherzigkeit tragenden ritterlichen Anstand, die Gabe, über öffentliche Angelegenheiten zu sprechen, die er beim Polen findet, die wohl nirgends so weit gediehene, auch vom Gesetz anerkannte Selbstständigkeit des weiblichen Geschlechts, die milde Behandlung gefangener Feinde.

Dieß sind einzelne Züge aus dem Gesammtvolksleben Polens, welche namentlich, wenn sich unmittelbar daneben die ganze thierische Rohheit des Moskowiten zeigt, wie es jetzt der Fall ist, besonders scharf hervortreten.

Die Beobachtung mitten im Volke begründet mehr als alles Andere die Ueberzeugung, daß Polen die Vormauer des gebildeten Europa gegen asiatische Unmenschlichkeit von jeher war und, so lange noch irgend etwas vom Volke lebt, sein wird.

Dieß ist denn auch der eigentliche Nerv der sämmtlichen polnisch-russischen Kriege und Aufstände, dieß der Grund, warum Polen, obgleich in völkerrechtlicher Hinsicht ebenso schwer von Oesterreich und Preußen wie vom Moskowiten-Czarenhaus verletzt, seine Waffen dennoch vorzugsweise gegen dieses führte.

Der Pole unter Preußens und Oesterreichs Herrschaft betrachtet sich ganz so gut als Polen wie seinen Bruder unter derjenigen Rußlands. Aber gegen dieses wollen Alle offenen Krieg, während sehr viele gebildete Polen von Preußen und Oesterreich das Verlorene auf dem Wege des Friedens wieder zu erlangen hoffen.

So lebendig aber dieses Volksgefühl in allem dem, was als Volk im besten Sinn des Worts betrachtet werden kann, lebt, so viel fehlt hingegen noch dazu, daß die ganze Bevölkerung zu diesem Volk gehöre, von diesem Volksgefühl durchdrungen sei. — Kosciuszko, welcher aus der edlen Schule Washington's hervorgegangen war, ist wie in vielen anderen edlen Bestrebungen, namentlich auch im Heranziehen der bisher verstoßenen Theile der Bevölkerung zu dem erhebenden Volksgefühl als wahrer Vorkämpfer zu betrachten. Mit Seherblick arbeitete er zu gleicher Zeit an der friedlichen, wie an der wehrmännischen Heranbildung der Bauern, lehrte sie ihre Feldwerkzeuge, Sensen in eine der furchtbarsten Waffen umwandeln, und damit in einfacher Ordnung kunstvoll bewaffnete und geführte Feinde schlagen. Es waren aber bloß die ersten Keime einer Bewaffnung der ganzen Bevölkerung. — Der Aufstand von 1830 fand bekanntlich ein vollständiges stehendes Heer zu seiner Verfügung und folgte Kosciuszko's Beispiel in Heranziehung der Bauern als Sensenmänner zum Krieg in weit größerer Ausdehnung, als es jenem möglich war. Für bürgerliche Gleichstellung dieses Standes that jener Aufstand — so gut wie nichts. Darum mußte er fallen.

Heute ist die Erkenntniß der Nothwendigkeit gleicher Rechte für die ganze Bevölkerung, damit sie sich in demselben Volksgefühl gegen den moskowitischen Druck vereine, vollständig durchgedrungen, aber die Ausführung dieses Grundsatzes ist noch nicht vollendet und hat nur noch sehr wenige Früchte getragen.

Deßhalb wird es von vielen Polen unverholen ausgesprochen, daß, wenn der jetzige Aufstand nicht gelingen sollte, einer der Hauptgründe darin zu suchen sei, daß die Bauern so viele Jahrhunderte unterdrückt gewesen und jetzt noch nicht genug für die vaterländische Sache gewonnen seien.

Doch gibt es Gegenden, namentlich im Lublin'schen, wo der Bauer von Anfang an dem Aufstand nicht abgeneigt und in Mitte des Sommers, bei meiner dortigen Anwesenheit, so sehr dafür eingenommen war, daß er nur auf die Anführung wartete, um als allgemeiner Landsturm gegen die Moskowiten zu ziehen.

Bei den zwei „Parteien" (Parteigängertruppen), bei welchen ich mich aufhielt, also zwischen Bug und Weichsel, war wohl die Mehrzahl der Sensenmänner aus dem Bauernstand, und die freundliche Gesinnung desselben zeigte sich im guten Empfang in den Dörfern und in der Bereitwilligkeit, Dienste aller Art zu leisten, während vor den moskowitischen Truppen die Bevölkerung der Dörfer sich in die Wälder flüchtete.

Im Krakau'schen dagegen soll der Bauer durch die vielen mißlungenen Einfälle der Aufständischen und manche von ihnen geübte Unbilden eher gegen den Aufstand eingenommen sein.

Im südöstlichen Theile von Congreß-Polen gehören viele Bauern ruthenischen Stammes der griechisch-katholischen Kirche an, so daß bei diesen die deßfallsigen Einflüsse dem Aufstand entschieden entgegen sind. Dennoch zeigt sich eine große Anzahl von ihnen den Aufständischen geneigt, wohl in Folge des überwiegenden Einflusses des Gutsherrn. Sonst ist aber die von den moskowitischen Gesetzen und Behörden geübte Unduldsamkeit in Glaubensfachen, der rohe Zwang, der auch hier in empörendem Maße waltet, einer der Hauptgründe, warum nicht bloß der römisch-katholische, sondern auch der protestantische und jüdische Pole sich dem Freiheitskampf anschließt, wobei nicht geläugnet werden soll, daß die römisch-katholische Geistlichkeit diesen Umstand am beharrlichsten ausbeutet, die Bevölkerung aber die in Polen uralte Duldsamkeit übt.

Im Ganzen und Großen trägt die jetzige Bewegung den Geist und das Gepräge eines Ringens nicht bloß nach Freiheit von fremder Herrschaft, sondern auch nach bürgerlicher und Glaubensfreiheit und Gleichstellung aller Bewohner des Landes, und wenn auch alte Gewohnheiten, die davon abweichen, noch vielfach zu Tage treten, so ist doch dieses Bestreben auch in Geringfügigkeiten, z. B. in freundlicher und milder Behandlung von Bauern und Dienstboten, ganz besonders aber bei den Truppen, wo von Ständeunterschied grundsätzlich nichts mehr vorhanden ist, deutlich sichtbar.

Zu jenem doppelten Zweck haben sich alle die verschiedenen Richtungen vereinigt, ohne auszuschließen, daß die einen davon mehr diese, die anderen mehr jene Grundsätze voranstellen, und daß demgemäß bald dieses, bald jenes Bestreben mehr zur Geltung kommt, sich aber bis jetzt in einer Weise die Wage gehalten, welche allein die errungenen Erfolge herbeiführen konnte. Dieses Gleichgewicht der bewegenden Kräfte ist mir besonders deutlich geworden durch den vom Zufall bewirkten Verkehr mit Leuten von den verschiedensten Richtungen, welche aber alle jene Grundsätze, sei es als höchsten Zweck, sei es als Mittel dazu, anerkannten. Eine nähere Erörterung dieser verschiedenen Richtungen würde hier zu weit führen.

Der gegenwärtige Aufstand wurde seit einer längeren Reihe von Jahren vorbereitet. Es traten diese Vorbereitungen im Innern des Landes hauptsächlich im kirchlichen Leben zu Tage, und zwar in Erscheinungen wie Trauergottesdiensten für in früheren Zeiten gefallene Freiheitskämpfer u. dgl., welche durch die Zeitungen so bekannt geworden sind, daß sie der bloßen Erinnerung bedürfen. Weniger bekannt mag es sein, daß die Enthaltung vom Tabakrauchen und das Einzahlen der deßfallsigen Ersparnisse der früheren Raucher in die Cassen des jetzigen Aufstandes während 3 bis 4 Jahren einen Ertrag von ungefähr 30 Millionen polnischer Gulden ergab.

Bereits aus dem Jahre 1861 oder 1860 sind in Paris gedruckte Vorschriften in polnischer Sprache über die Waffenübungen der Fußtruppen (Schützen und Sensenmänner inbegriffen), über inneren und Felddienst und Heeresorganisation im Großen vorhanden.

Dieselbe Jahreszahl tragen eine zwar kleine Zahl von

Waffen, die in ausländischen Werkstätten gearbeitet sind, neben dem polnischen Wappen.

Bekannt ist zwar, aber zu wenig erwogen, daß die gewaltsame Aushebung von Recruten am 22. Januar 1863 den Aufstand zu früh zum Ausbruch brachte. Die Vorbereitungen sollen auf den Mai berechnet gewesen sein.

Die polnische Volksregierung.

Die polnische Volksregierung, anfänglich als einstweiliger Volksausschuß (provisorisches Nationalcomité) gewöhnlich kurzweg „Comité" benannt, begann von da an seine offene Thätigkeit, verbunden mit dem Geheimniß über seine Zusammensetzung und den Ort seines Daseins.

Es ist hier nicht der Ort, alle einzelnen Spuren und Zeichen seiner Thätigkeit, welche ich unmittelbar wahrnahm, aufzuzählen. Meine Ueberzeugung hat sich daraus dahin gebildet:

1) Daß diese Behörde weder von den Moskowiten, noch von den Oesterreichern oder Preußen, noch auch von irgend einer anderen Behörde jemals wird gestört werden können, weil sie mit Bezug auf ihre Glieder und Zeit und Ort eine so vollendete und wohl berechnete, fest bestimmte Veränderlichkeit in sich trägt, daß sie immer neu und anderswo auferstehen würde.

Vielleicht kennen sich ihre verschiedenen Mitglieder unter einander nicht einmal alle dem Namen nach. Die Namen einzelner sind den Polen allgemein bekannt und werden doch nicht verrathen. Ich habe zwei solcher Mitglieder gekannt und außerdem ein drittes, welches ich für den damaligen Kriegsminister halten muß, und dessen Namen ich wohl nennen kann, da er seitdem von den österreichischen Behörden freigesprochen wurde: den General Kruszewski. Auch General Wysocki soll seiner Zeit Kriegsminister gewesen sein, wie dieß alle Zeitungen sagten (er wurde im Juli beim Einfall in Volhynien gefangen). In Congreßpolen ist es nur den Allereingeweihtesten möglich, ein Mitglied der Regierung zu sehen und mündlich zu sprechen. Weit weniger schwierig war dieß zur Zeit meines Aufenthalts in Posen und am leichtesten in Galizien und Krakau; von wo mir sogar ein angeblich vollständiges Verzeichniß derselben mitgetheilt wurde.

2) Daß diese Regierung in Congreßpolen überall, wo nicht moskowitische Waffen unmittelbar hinreichen, in einem alle Vorstellung übersteigenden Maße schaltet, waltet, befiehlt, anordnet, Gesetze erläßt, Behörden, Beamte und Gerichte ernennt und — Gehorsam und guten Willen findet, oder, wo dieser fehlt, eine unnennbare Furcht vor ihrer geheimen Gewalt.

Von einzelnen, nicht die eigentliche bewaffnete Macht betreffenden, aber doch sie unmittelbar berührenden Anordnungen der „Regierung“ (so wird sie kurzweg zum Unterschied von der „moskowitischen Regierung“ benannt) habe ich selbst folgende theils selbst benutzt, theils sonst unmittelbar wahrgenommen:

Die bürgerlichen, mit den Truppen in stetem Verkehr stehenden Beamten, theils „Vorsteher“ (Naczelnik's, „Hauptleute“, Präfecten), theils in untergeordneter Stellung, in bestimmten Bezirken, Commissäre. Von einem solchen hatte ich einen Paß (mit bloßem Stempel ohne Unterschrift), der mir auf bestimmte Zeit und in einer bestimmten Reiserichtung nicht nur Schutz, sondern Beförderungsmittel (2 Pferde, Wagen, Fuhrmann) und Lebensunterhalt gewährte und überdieß reichliches Reisegeld.

Die Regierungs- (auch Volks- [national, narodowo-] oder Edelmanns-) Post, welche mich kraft des Passes von einem „Edelhof“ zum andern führte. (Daneben wird für gewisse Fälle, wo es Klugheit gebietet, die moskowitische Post vielfach benutzt. Ich habe solche selbst mit Postillonen in Uniform mitten in polnischen Lagern gesehen, ohne die geringste Gefahr von Verrath. Denn unter dem fremdherrlich gefärbten Rock schlug ein polnisches Herz.)

Die Festsetzung bestimmter Lieferungen an Kriegsbedürfnissen durch die einzelnen Güter und Anordnung für deren gehörige Abgabe. Jedes Gut liefert so und so viel Pferde, Rindvieh, so und so viel Tausend Scheffel von jeder Art Getreide, Mehl, gebackenes Brod, Ohme Branntwein, Geld. Die weiblichen Bewohner haben Hemden und sonstiges Weißzeug oder auch Kleider zu nähen. Geld und Kleider werden zu bestimmten Zeiten abgeliefert. Quartier ist für so und so viel im Versteck zu haltende Aufständische vorhanden.

Der Nachrichtendienst durch Unbewaffnete (von den Polen sonderbarer Weise „unbewaffnete Gendarmerie" benannt), wozu in jedem Dorf und Gut gewisse Leute bestimmt sind.

Der bald mit obigen Verrichtungen verbundene, bald davon getrennte Courierdienst zu Ueberbringung von amtlichen Schriften wird häufig von Leuten weiblichen Geschlechts besorgt.

Das Kriegsministerium, theils als vorberathende, theils als verfügende Behörde, betreffen folgende von mir unmittelbar beobachtete Erscheinungen.

Die Regierung ernennt die Befehlshaber und zwar jedenfalls diejenigen der einzelnen selbstständigen, aus verschiedenen Waffen bestehenden „Parteien" (Parteigängercorps) und die Oberbefehlshaber über mehrere solcher Parteien, und gibt ihnen bestimmten Rang, ertheilt ihnen Befehle und Weisungen und erhält von ihnen Berichte und Meldungen, zieht sie zur Verantwortung, wo es nöthig scheint, und entsetzt sie, oder stellt sie auch wohl gar vor ein Kriegsgericht, wie ich dieß von Oberst Gregowicz nach dem mißlungenen Gefecht von Sklarу weiß. Die Ernennung der untergeordneten Offiziere geschieht, wenigstens endgültig, ebenfalls durch die Regierung.

Aus dem Lublin'schen kann ich aus eigener Wahrnehmung folgende hierher gehörigen Thatsachen anführen.

Damals war Lelewel zum Oberbefehlshaber über alle Truppen im Lublin'schen ernannt, aber auf Befehl der Regierung auf einige Zeit, unbekannt wo, wie es hieß zum Waffenholen an der Grenze, abwesend. Er selbst hatte früher eine Partei unter seinen unmittelbaren Befehlen gehabt, zu welcher, als sie in Folge großer Bedrängniß durch die Moskowiten sehr zusammengeschmolzen war, Major Rucki auf Befehl der Regierung

300 Mann von seiner neugebildeten Partei abgeben mußte. Die von der Regierung dem Lelewel untergebenen Parteien waren 8 an der Zahl und trugen ihre amtlichen Nummern. Mir sind folgende erinnerlich: die von Wiercbicki, Rucki (Nr. 3), Zelinski und Jankowski (vereint), Krysinski, Wagner und von Lelewel selbst. Krysinski war einige Zeit vorher, als er seine Partei aufgelöst und die Waffen vergraben hatte, zur Verantwortung nach Warschau berufen, jedoch aus Rücksichten auf sonstige vorzügliche Leistungen zur Neubildung einer Partei beauftragt worden. Rucki sandte während Lelewel's Abwesenheit seine Berichte und Meldungen unmittelbar an die Regierung. Diese hatte ihm für ein Unternehmen, wofür er sich mit zwei anderen Parteien vereinigen sollte, den Oberbefehl vorübergehend übertragen ꝛc. Kurz, das unmittelbare Eingreifen und die Gewalt der Regierung trat überall zu Tage, und sehr häufig sagte mir z. B. Rucki: „Ich kann da nicht thun, wie ich gern wollte. Die Weisungen der Regierung lauten anders.“ —

Für den kommenden Winter hat die Regierung ein ganz besonderes Verfahren und Verhalten berathen und beschlossen, welches mir bekannt ist, und von welchem sich einzelne Spuren in den in letzter Zeit im Innern von Congreßpolen laut den Blättern vorgekommenen Bewegungen und Unternehmungen zeigen.

In Krakau und Lemberg beschäftigten sich zur Zeit meiner dortigen Aufenthalte die Männer, welche als Kriegsminister galten, wie ich selbst wahrnahm, mit sehr in's Einzelne gehenden Angelegenheiten, empfingen Ausländer von jedem Rang, selbst Unteroffiziere, persönlich, stellten ihnen mit anerkennenswerther Redlichkeit das Verzweifelte und Abschreckende des Kampfes vor, wiesen ihnen Quartiere an, theilten sie bestimmten in Bildung begriffenen Truppentheilen zu, bezeichneten ihnen ihre künftigen Obern, gaben die Namen der Personen an, die sich mit Waffenlieferungen befaßten ꝛc.

Als bezeichnend für die Geschäftsführung bei diesen Behörden erzähle ich aus bester Quelle folgenden Vorfall.

Es war den Bemühungen eines sehr hochgestellten

Polen im fernen Ausland gelungen, eine dort auf Befehl der russischen Regierung von ausgezeichneten Ingenieuren ausgearbeitete, höchst genaue Karte des Kriegsschauplatzes um einen sehr hohen Betrag, wenn ich mich recht erinnere 50,000 Franken, an sich zu bringen. Sie wurde dem Generalstab der im Juli nach Volhynien bestimmten Truppen, die auf 30—40,000 Mann angekündigt waren, zugetheilt. Mit anderen nützlichen und unnützen Gegenständen zum gleichen Zwecke, z. B. einem Dutzend ausgezeichneter Fernröhre und einem prächtigen Generalshut, sollte sie im Reisewagen irgend einer vertrauten Person von Lemberg an die Grenze gebracht werden. Das „verächtliche" Geschäft des Verpackens im Hofe des betreffenden Hauses wurde einem Jäger und einem Kutscher ruthenischen Stammes übertragen. Diese geriethen über eine Kleinigkeit in Streit; der Kutscher erzürnte sich über den treueren Jäger, lief im Zorn zu einem benachbarten Juden, welcher sich durch eigene Anschauung von der Richtigkeit der ihm gemachten Angaben über die Vorgänge in jenem Hofe überzeugte, auf die Polizei ging und dort davon Anzeige machte. Als in der Nacht der Wagen auf der Reise zum Thor hinaus war, wurde er von der Behörde angehalten, und diese machte an der Karte, den Fernröhren und — dem Generalshut einen Fang, der für die Polen von unersetzlichem Schaden war.

Das Kriegsministerium in Lemberg scheint überhaupt auf großartigem Fuße eingerichtet gewesen zu sein. Mir wurde Verwendung für die topographische Abtheilung angeboten. Hingegen waren die Klagen allgemein über die daselbst herrschende Verschwendung von Zeit und Geld mit unbedeutenden Dingen, Einfluß von Weibern üblen Rufs, Langsamkeit und Unentschlossenheit im Betrieb des Unternommenen, so daß häufig die Geduld den Zuzüglern nach monatelangem Warten in den geheimen Quartieren ausging, und sie ohne Marschbefehl in Schaaren bis zu hundert Mann über die Grenze gingen.

Der anfänglich als Kriegsminister geltende General Kruszewski, von welchem von anderer Seite behauptet wurde, er gebe bloß seinen Namen dazu her, war ein älterer, höchst vorsichtig, fast zaghaft auftretender Mann von kleiner Gestalt. Er hatte den Krieg von 1830—31 als Hauptmann mitgemacht, war nach Belgien ausgewandert, zur Zeit der dortigen Lostrennung von Holland in das Heer eingetreten, und bekleidete bei seiner Ankunft in Krakau nach Ausbruch des jetzigen Krieges den Rang eines belgischen Generals; er besaß übrigens Güter in Galizien. Er wurde (am Tage nach meiner Verhaftung) am 3. April in Krakau verhaftet, war es noch, als ich Anfang Juni mich einige Tage dort aufhielt, lebte jedoch, als ich ungefähr Anfang August zum drittenmal dort war, freigesprochen auf seinem benachbarten Gute.

General Wysocki habe ich nicht gesehen. Er soll ebenfalls ein älterer Mann aus dem Kriege von 1830/31 sein. Viele Polen hielten ihn vor seinem Mißgeschick für einen ausgezeichneten Organisator und stellten ihn darin noch über Langiewicz. Mir flößte Alles, was ich von den unter seiner Leitung erfolgenden Vorbereitungen zum Einfall aus Ost-Galizien in Volhynien bemerkte, von dem man sich die großartigsten Dinge versprach, nicht genug Vertrauen ein, um den zahlreichen und dringenden Aufforderungen an mich, an diesem Unternehmen Theil zu nehmen, zu entsprechen. Ich ging lieber zu einer kleinen bereits bestehenden Partei im Innern Congreßpolens. Der schon beim ersten Auftreten mißlungene Erfolg jenes volhynischen Feldzugs, wobei er gefangen wurde, rechtfertigte mein Vorgefühl.

Höchste und höhere Befehlshaber.

Langiewicz (Maryan) gehört unter diesen oben an, schon deßhalb, weil keinem Andern so ausgedehnte Befugnisse übertragen waren, — war er ja Dictator ohne Beschränkung auf ein bestimmtes Gebiet, während die Befugnisse seines Vorgängers Mieroslawski auf ein bestimmtes Gebiet im Osten vom Posen'schen eingeschränkt waren.

Von Langiewicz habe ich durch Zufall und aus Absicht mehr als von irgend einem andern höheren Führer vernommen, und zwar theilweise von Leuten aus seiner früheren und damaligen nächsten und näheren Umgebung, sowie es mir auch gelang, in Josephstadt während seiner Haft in seine nächste Nähe zu gelangen.

Er mag vor ungefähr 35 Jahren geboren sein und zwar von einem jedenfalls städtischen und, wie mir bestimmt versichert wurde, nicht-adeligen Geschlecht. Sein Vater soll Schuhmacher gewesen sein. Ein Bruder von ihm ist Arzt. Er muß frühe vorzügliche Anlagen gezeigt haben, wurde von einem strenggläubigen katholischen Geistlichen zu classischer Bildung erzogen, war zuerst Erzieher bei einem oder mehreren Gutsbesitzern, trat dann zu Erfüllung seiner Waffenpflicht, als preußischer Unterthan, als Freiwilliger (daher ursprünglich mit abgekürzter Dienstzeit) in die Artillerie, wurde Offizier bei dieser Waffe und erwarb sich dort durch seine gediegenen Kenntnisse, seine Diensttüchtigkeit, seine strenge Mannszucht, seine Leutseligkeit, mit Ernst verbunden, und seine reinen Sitten die hohe Achtung und Liebe seiner Kameraden und Untergebenen. — Einer von diesen, Unteroffizier, hat sich vorzüglich, um wieder unter ihm dienen zu können, dem jetzigen Aufstand angeschlossen; er war mein Mitgefangener, zeichnete sich selbst vortheilhaft vor seinen Schicksalsgenossen aus, und hat mir Manches über ihn mitgetheilt.

Langiewicz spricht außer polnisch und deutsch auch französisch, englisch, italienisch, er hat die meisten Länder Europa's bereist und wünscht sehr, Amerika einmal zu sehen. So erzählte mir der Adjutant eines seiner Untergebenen, Fräulein Henryka Pustowójtow, die ihn genau kannte. Bekanntlich war er unmittelbar vor dem Aufstand Lehrer an der polnischen Militärschule in Cuneo, und als dieser in Folge der Recrutenaushebung ausbrach, eilte er, obgleich er ihn für verfrüht ansah, auf den Kampfplatz. Hier wählte er sich als erstes Feld seiner Thätigkeit das an den einspringenden Südwinkel Congreßpolens, nahe der Weichsel, also dem Herzen des

Landes möglichst nahe Sandomir'sche, von besonders bergiger Beschaffenheit und sonst reich an Hülfsmitteln für Kriegsbedürfnisse durch Bergwerke und damit verbundene Werkstätten. — Seine Erfolge und seine Gabe, sich ein Heer aus fast nichts zu schaffen und heranzuziehen, zeichneten ihn aus, und als Mieroslawski's Thätigkeit im Felde auch dießmal wie alle frühere Male fehlschlug und als beendigt betrachtet wurde, wurde er zum General und Dictator ernannt. Dadurch ward er veranlaßt, vielleicht genöthigt, sich einer wichtigeren Ader für die Kriegführung und namentlich Krakau zu nähern, welches durch seine Lage im Allgemeinen und im Besonderen zur Hauptmündung aller Zuflüsse an Mannschaft, Waffen, Lebensmitteln, Geld, geistiger Unterstützung geschaffen schien. An der Zahl und Menge dieser Zuflüsse fehlte es nun freilich nicht, wohl aber an ihrer Beschaffenheit, namentlich mit Bezug auf die Leute. In Krakau sammelte sich nicht nur aus Polen, sondern aus ganz Europa gerade damals im großen Aufschwung der Begeisterung eine Unzahl von Männern, welche aus den verschiedensten Beweggründen sich beim Aufstand betheiligen wollten. Die Zudringlichsten waren selbstverständlich die ersten, die sich um den neuen Dictator sammelten. Die Frauen Krakaus beschenkten ihn mit zierlichen Chabracken und sonstigen schönen Dingen. Seine Photographie wurde Mode, eine Lustfahrt in sein Lager von Gaszcza guter Ton. Jeder wollte zu seiner Erhebung beigetragen haben, und verlangte dafür Rücksichten auf seine Verwendung für diesen und jenen Vetter, um demselben eine Stelle in seinem Stab zu verschaffen. Wir haben in der Schweiz schon Aehnliches bei älteren, erfahreneren und selbstständigeren Männern gesehen. — Der polnische Adelige meint mehr als kein anderer von Hause aus ein geborner Feldherr zu sein. Bald sah sich Langiewicz, er wußte kaum wie, von einem unendlichen Gefolge von jungen Krakauern und sonstigen polnischen Stutzern mit Offiziersrang umgeben, welche von ihren Pflichten wenig kannten, als sich goldbesetzte Uniformen bei den Schneidern französischer Schule in Krakau zu bestellen, im Hôtel de Saxe und bei Heurteux herumzuliegen, ihre Photographien in kühnen Gruppen neben denen ihres Chefs aushängen zu lassen und etwa im Gefecht tapfer dreinzuschlagen und zu schießen, doch letzteres nicht einmal alle. „Als ich noch im Innern des Landes, in den Heilig-Kreuz-Bergen, die wackeren Burschen führte, die sich dort um mich gesammelt, da war mir wohl bei der Sache. Seitdem aber das vornehme und gemeine Krakauer Gesindel zu mir gekommen ist, fühlte ich, daß es nicht mehr gehe wie es solle." — Die Ansammlung einer größeren Truppenmacht im Lager von Gaszcza und die Eintheilung und Ordnung derselben erforderten eine Zeit, welche die Russen zu Ansammlung ihrer Kräfte benutzten. Langiewicz ward vielleicht früher als er wollte genöthigt, ihnen entgegenzurücken. Gerade damals war Mieroslawski, welcher nach seinen Niederlagen bisher unthätig geblieben war, aufgebracht über Langiewicz's Ernennung zum Dictator in dessen Lager geeilt, und — so erzählten mir die zuverlässigsten Gewährsmänner — vor und während des Vormarsches gegen die Russen und während des Gefechts selbst — durchflog er die verschiedenen Truppentheile mit dem Ruf: „Langiewicz ist ein Verräther! Gehorcht nicht dem Verräther!" u. s. w. Die Wirkung blieb nicht aus. So machte die Reiterei unter Czapki (?), als sie angreifen sollte, Kehrt und löste sich auf. Einzelne Gelbschnäbel (wie mir ein solcher selbst im Gefängniß vorprahlte) warfen sich an der Spitze kleiner Trupps, welche gutmüthig genug waren, ihnen zu folgen, zu „Generals" auf, bis nach einigen Tagen Herumschwärmens der Hunger sie nach Galizien und theilweise in österreichische Gefangenschaft führte. — Langiewicz, um dem alten Vorwurf polnischer Zwietracht so wenig als möglich Nahrung zu geben, beschloß, dem Nebenbuhler das Feld zu räumen, schrieb in diesem Sinne an seine Untergebenen einen erst nach seiner Entfernung zu eröffnenden Abschiedsruf (welcher viel zu wenig bekannt geworden ist), und verließ, in Begleitung des Adjutanten eines seiner Generale (ich glaube Waligorski's), des Fräulein Pustowójtow, der einzigen Person seiner Umgebung, welche als „18jähriger Begleiter", wie sein Paß angab, gelten konnte, aber ohne die mindeste fernere Beziehung zu ihr, seine Truppen, um im Vertrauen auf die damals noch herrschende Nachsichtigkeit der österreichischen Grenzwache auf galizischen Boden, und höchst wahrscheinlich, um von da auf das ursprüngliche Feld seiner Thätigkeit im Sandomir'schen zurückzukehren. Er hatte sich getäuscht. Sei es infolge eines allgemeinen Umschlags in der Gesinnung österreichischer Behörden aus diplomatischen Gründen, oder wegen der letzten Schlappen der Polen, sei es aus Zufall, — er wurde gefangen genommen und auf das Schloß Krakau in eine Haft gebracht, welche stets voll persönlicher Rücksichten war. Bei meiner Durchreise durch Wien sagte mir der Schweizer Gesandte, angeblich nach Erkundigungen aus amtlicher Quelle: „Es könne Jedermann mit Langiewicz sprechen, dessen Besuch er empfangen wolle; dieß hänge einzig von ihm selbst ab. Er werde aber so mit Besuchen bestürmt, daß er nur ausnahmsweise solche annehme." In Krakau vernahm ich schon am zweitnächsten Tage die Unrichtigkeit dieser Angabe. Niemand konnte erlauben, ihn zu sehen als der Höchstcommandirende, Feldmarschall-Lieutenant Bamberg, und dieser sagte mir: „So lange Langiewicz hier ist, spricht Niemand mit ihm. Das ist mein Axiom." Indessen stand er durch Fräulein Pustowójtow in ziemlich lebhaftem Verkehr mit der Außenwelt. Sein Gefängniß lag auf der Höhe im Schloß, das ihrige am Fuße derselben in der Tiefe gegenüber, höchstens 300 Schritt entfernt.

Als ich mich Anfang Juni in Josephstadt befand, waren Langiewicz in dem großen, Casernen, Hauptquartier, Festungscommando 2c. umfassenden Gebäude im Innern der Festung zwei Zimmer zu ebener Erde unmittelbar unter dem Telegraphenbureau an der gegen Süden gegen das Königgrätzer-Thor führenden Straße angewiesen. Er stand unter Aufsicht des Platzmajors und wurde von 6 auserlesenen Offizieren, welche in ihrem Dienste wechselten, Tag und Nacht bewacht, übrigens mit aller Ehrerbietung behandelt, konnte sich mit diesen nach Belieben unterhalten, sie einladen, mit ihnen spazieren gehen, lesen und schreiben, was er wollte, jedoch mit Niemand anders sprechen. Briefwechsel, unter Aufsicht, war ihm nicht verboten. Er war sehr fleißig mit Schreiben beschäftigt und richtete seine Spaziergänge (stets in Begleitung eines Offiziers) mit Vorliebe zur Musik oder auf das mit Bäumen und Gärten bewachsene und umgebene Außen-(Kron-)werk vor dem Jaromirscher Thor, wo ich ihm auch — nach Anleitung des Platzmajors — begegnete. Er ist ein kleiner, starkgebauter Mann, schwarz von Haar und Bart und entsprechender Hautfarbe, mit hoher schöner Stirn und einem so äußerst durchdringenden Blick, wie er nach einstimmigem Urtheil seiner Umgebungen und meiner eigenen Wahrnehmung selten vorkommt.

Das Urtheil der Polen über ihn lautet in der weit überwiegenden Mehrheit entschieden günstig. „Es ist unsere einzige Capacität!" sagte mir ein sehr gut unterrichteter und vortrefflich gebildeter Mann. So glauben auch die sachverständigsten österreichischen Stimmen, daß mit ihm allein die Polen zu einem endgültigen Erfolg gelangen werden. Sehr viele Polen warten mit ihrer vollen Thätigkeit auf ihn. Allgemein wird angenommen, daß er nicht vor den Russen, sondern vor Mieroslawski wich. Einzelne glauben, er habe seiner Dictatorwürde für die gemeine Sache zu viel Werth beigelegt und sei um dessen willen, nicht um seiner selbst willen über die Weichsel zurückgegangen. Daß seine hohe Stellung ihm zu früh übertragen wurde, er ihr damals noch nicht gewachsen war, darüber ist nur eine Stimme, — wenn auch von Manchen zugegeben wird, daß er es noch werden kann. Seine Rechtschaffenheit und Treue für die Sache wird von Niemand bestritten als von den entschiedensten Anhängern Mieroslawski's, welche mit diesem ihn — gewiß mit Unrecht — Verräther nennen.

Mieroslawski ist mir von den meisten Polen mit Entrüstung als Schurke und Taugenichts, der sich überall hinzudränge, bezeichnet worden. Daß er im

Felde kein Glück habe, müssen selbst seine entschiedensten Freunde zugeben. Ein außerordentlicher Ehrgeiz, dem er — wie Rochebrun sagte — stets sein Vaterland opfern würde, niemals diesem seinen Ehrgeiz, scheint ihn zu leiten. Sein unmittelbarer Umgang und sein Wort in Rede und Schrift müssen etwas ungemein Bezwingendes haben. Daraus allein läßt sich sein fortwährendes Wiederauftauchen herleiten. In der Gabe, über seine Person, seinen Aufenthalt rc. die Polizei- und sonstigen Behörden zu täuschen, muß er Meister sein. Während meines ersten Aufenthalts in Krakau hatte er ein Zimmer in einem Gasthof daselbst, war aber niemals dort zu finden.

Lelewel (soll eigentlich Borelowski geheißen haben) führte zur Zeit, wo ich bei polnischen Parteien im Lublinschen war, eigentlich den Oberbefehl über sie, weßhalb ich von ihm, den ich von Anbeginn als einen der besten Führer der Polen für den Krieg, wie sie ihn im Innern Polens führen, gehalten habe, mehr als von irgend einem andern vernommen habe. „Vom Militär versteht Lelewel auch nicht das ABC!" sagte mir sein Untergebener Rucki, gewesener österreichischer und ungarischer Offizier, und Jedermann sagte mir: „Lelewel ist eigentlich nicht Militär!" Hingegen als ein durchaus gebildeter, mehrerer Sprachen mächtiger, im Umgang höchst angenehmer Mann wurde er mir allgemein bezeichnet. Seine Vorzüge scheinen in seiner durch nichts zu lähmenden, unter allen Mißgeschicken stets wieder muthig sich aufraffenden Vaterlandsliebe, Aufopferungsfähigkeit und Thätigkeit, in dem Geschick, stets wieder neue Kräfte um sich zu sammeln, überall und nirgends zu sein, nach jeder vermeintlichen Niederlage sofort anderswo wieder zu erscheinen, bestanden zu haben. Soviel ist sicher, daß kein höherer Führer sich im Innern des Landes länger gehalten hat als er. Seine Thätigkeit endete bekanntlich mit dem Tod auf dem Schlachtfeld. Sein Werk, das lange Fortbestehen einer bedeutenden Zahl ansehnlicher Parteien im Lublinschen, dauert noch fort. Von seinen persönlichen Verrichtungen wurden besonders seine Reisen, welche er ganz keck, nur mit einer Reisetasche versehen, mitten durch moskowitische Truppen machte, erwähnt.

Wiercbicki ist sein Nachfolger im Oberbefehl im Lublinschen. Seine Partei wurde zu meiner Zeit als ein eigentliches Mustercorps genannt. Er bewegte sich damals in der Gegend zwischen Lublin, Weichsel und San. Er wurde mir stets mit großer Achtung als ein Mann von bester Bildung und Sachkenntniß im mittleren Lebensalter genannt*).

Rochebrun, Generalmajor, Commandant des Zouaves de la mort, hat ungeachtet seines Ranges nie einen selbstständigen Truppentheil befehligt. Beim Ausbruch des Aufstandes Erzieher in einem angesehenen Hause in Krakau, von früher dunkeln oder unbedeutenden Vorgängen, (Einige sagen, Zuavencorporal) in Langiewicz's Abtheilung bald zu Ansehen gelangt, wählte er zu seiner, ganz eigenthümlich halb polnisch, halb afrikanisch mit großem weißem Kreuz auf schwarzer Weste gekleideten Truppe nur Krakauer Studenten, belgische Studenten und auserlesene Bauern, stellte diese zuerst durch die schrecklichsten Schilderungen vor den Gräueln des Kriegs und namentlich des von ihnen zu führenden, dann während 8—14 Tagen durch die größten leiblichen Anstrengungen auf die Probe, führte oft die ganze Truppe im Dauer- oder Turnlauf bis 2 Stunden vom Lager weg und wieder zurück, sorgte aber dann auf's allersorgfältigste für ihre Verpflegung im Lager. Im Gefecht war er „wie ein Löwe", ohne alle Waffen als ein Stöckchen, aber immer seiner Truppe voran und riß sie unwiderstehlich in's heftigste Feuer mit fort. Nach Langiewicz's Entfernung trat er zu dessen Stabe, jenem schon geschilderten Haufen von Stutzern heran und sagte ihnen: „wenn sie nicht Feiglinge seien, so werden sie von Neuem gegen den Feind gehen. Er biete sich zu ihrer Führung an." Keiner antwortete. Er fuhr fort: „Nun, meine Herren! So sind sie Feig-

*) Seitdem Obiges geschrieben wurde, ist Wiercbicki den Heldentod gestorben. Eine nähere Schilderung von ihm siehe Allg. Schweizer. Mil.-Ztg. 1864, Nr. 10, S. 13.

lluge! damit Gott befohlen", (Eh bien! Messieurs! Vous êtes des lâches. Adieu!) kehrte zu seiner Truppe zurück und löste sie in aller Ordnung auf. — Bekannt ist durch seine eigene Veröffentlichung, wie er damals auch mit Mieroslawski in Unterhandlung trat, aber sofort sich von ihm als dem Ehrgeizigen, welcher dieser Leidenschaft selbst sein Vaterland opfern könnte, lossagte. Im Juni fand er sich wieder in Krakau ein und war in Unterhandlung über den Befehl eines von dort aus in's Innere zu führenden Truppentheils, welche jedoch theils an seinen überspannten Forderungen, z. B. einer Vorausbezahlung von 6 Monaten Sold, vollständiger Uniformirung aller ihm untergebenen Truppen, theils an Reibungen wegen des neben ihm vorgeschlagenen Oberst Jordan scheiterten. In der letzten Zeit nannten ihn die Zeitungen wieder als bei einem Einfall in Congreßpolen mitbetheiligt.

Jezioranski und Waligorski, die ersten von Langiewicz ernannten Generale, wurden mir beide als äußerst fähige Männer geschildert; Waligorski, ein älterer, in den letzten Zeiten in Schweden lebender Mann, als besonders geschickt im Entwerfen gelungener Operationspläne, Jezioranski als Mann der Ausführung, beide als fast unzertrennliche Freunde und deßhalb fast immer gemeinsam handelnd.

Fürst ....ski, welcher im Jahre 1831 bei Ostrolenka mit Bem als Offizier der reitenden Artillerie im furchtbarsten überlegenen Feuer des Feindes Stand gehalten, schlug den ihm angebotenen Oberbefehl über eine bedeutende Truppenzahl vor einigen Monaten aus, weil er sie nicht gehörig geübt und geordnet fand. Er scheint der entschiedenste von denjenigen Hochgestellten gewesen zu sein, welche meist in Folge der Erinnerungen an den Dreißiger-Krieg auch jetzt wieder am meisten Gewicht auf eine Führung des Krieges im Großen mit einem vollkommen fertigen, bestens beschaffenen Heere legten, während die jüngern, vorzugsweise aus den Bewegungen von 1848 und 1849 hervorgegangenen, theilweise auch unter Garibaldi gebildeten Führer mehr an kräftiger Führung des Parteigänger-Krieges hingen.

Fürst ....ski tadelte besonders auch scharf die allzu häufige Verwendung aus russischen Diensten übergetretener, in seinen Augen niemals recht zuverlässiger Führer.

Die Parteigänger-Anführer.

Rucki (Josef Wladyslaw), früher österreichischer Offizier, dann Adjutant von Bem in Siebenbürgen 1848 und 1849, galizischer Gutsbesitzer, hat nun zum dritten Mal in seinem Leben sein Vermögen im Kampfe für Volksfreiheit auf's Spiel gesetzt. Er ist ein wissenschaftlich gebildeter Mann, liest und spricht ziemlich geläufig deutsch, hat ein gutes Werk über Bem geschrieben (Bem w Siedmiogrodzie i w Banacie), das 1862 in Lemberg erschienen ist, und hat im Kriegsfach umfassende Kenntnisse und Erfahrungen, sowie einen weiteren Blick als die meisten seiner Landsleute und Gefährten, ist übrigens eine anspruchslose, leutselige Erscheinung, ein Mann mittlerer Größe, blond mit hellblauen Augen. Im gegenwärtigen Aufstand hat er zuerst unter Czechowski (wohl zu unterscheiden von etwa 3 ganz ähnlichen Namen) gedient, kam dann in Lelewel's Umgebung und begann unter dessen Oberbefehl mit 24 ihm übergebenen Leuten im Mai eine „Partei“ zu bilden, von welcher er nach einigen Wochen schon 300 Mann an Lelewel abgeben konnte, und welche wieder über 500 Mann stark war, als ich dazu kam. — Rucki geht vom Grundsatz aus, als Parteigänger, besonders im Anfang, den Feind möglichst in Athem zu halten, aber das eigentliche Gefecht meiden zu sollen. Er hat es auch dazu gebracht, daß seine Partei, d. h. die Vorposten und Truppen des Lagers, während mehr als 7 Wochen keinen einzigen Russen sahen, obgleich sie z. B. damals, als ich dazu kam, bereits 14 Tage in demselben Lager geblieben waren. Seine Reiter waren sehr häufig auf Streifzügen abwesend, mieden aber auch da so viel wie möglich jedes Gefecht. Er wollte sich nur dann und da schlagen, wo er des Sieges durchaus sicher sein konnte, oder vom Feinde unausweichlich gezwungen wurde. Er hielt große Stücke auf Waffenübungen sowohl, als auf

Befolgung der allgemeinen Dienstvorschriften bezüglich des inneren Dienstes rc. Dabei aber ließ er mit Rücksicht auf die Entstehungsart und Zusammensetzung der Truppe eine gewisse Gemüthlichkeit walten, welche mir in Manchem zu weit zu gehen schien, so daß das Räderwerk oft nicht recht rasch und mit allzuviel Geräusch und Kraftaufwand lief. Er bekleidete zur Zeit meines Aufenthalts bei ihm den Rang eines Majors. Seither habe ich seinen Namen bei mehreren gelungenen Unternehmungen und zuletzt mit der Rangangabe „Oberst" gelesen. Er bewegte sich zu meiner Zeit und soviel ich den Nachrichten entnehmen konnte, auch seither meist in der Gegend zwischen Lublin und Chelm und dem Bug von Dubienka bis Swierze. Gegen mich benahm er sich, nachdem er mich einigemal gehörig auf die Probe gestellt, wie gegen einen Freund und Vertrauten.

Krysinski, ein ganz junger Mann (höchstens 25 Jahre alt), früher Schlosser- oder Klempnergesell, ohne irgend welche umfassende Bildung, zeichnete sich in der unter Lelewel's Oberbefehl stehenden „Partei" des Obersten Szaniawski durch seine Anlage zu Truppenführung so aus, daß dieser ihn zu seinem Adjutanten machte, und als derselbe vor dem Feinde gefallen war, Krysinski bald den Befehl über dessen Truppen erhielt. In dieser Stellung brachte ihn eine etwas voreilige Auflösung derselben und Vergrabung der Waffen zur Verantwortung vor der Regierung und in Gefahr, entsetzt und kriegsgerichtlich verurtheilt zu werden. — Er bildete seine Partei von Neuem, und ich fand sie 500 Mann stark. — Krysinski hat die entschiedensten Anlagen zum Parteigänger-Führer: raschen sichern Blick über das, was in jeder Lage zu thun ist, Entschlossenheit und die Gabe, mit kurzen Worten schnellen Gehorsam zu erwirken. Obgleich gedruckte Dienstvorschriften und dienstliche Schreibereien bei ihm weit seltener als bei Rucki vorkommen, herrscht doch bei seinen Truppen mehr, ich möchte sagen, von innen herauskommende Ordnung und stete Schlagfertigkeit. Daneben ist Krysinski ein äußerst freundlicher, milder

Mann, ähnlich einem sanften deutschen Studenten, mit welchem auch sein Aeußeres: langes, schönes, blondes Haar und frische Gesichtsfarbe,. Aehnlichkeit hat. Sein Bestreben war, im Gegensatz zu Rucki, den Feind fortwährend aufzusuchen und immer so mit ihm zu fechten, daß die größeren Verluste auf Feindes Seite fielen, wenn auch diese Gefechte von keiner großen Bedeutung waren. Dadurch schien er mir gerade die stete Schlagfertigkeit und gute Ordnung bei seiner Mannschaft hervorgerufen zu haben. Alles — Märsche, Halte, Lagerungen — geschah mit dem Bewußtsein und mit den Anordnungen, als ob die nächste Minute schon wieder ein Gefecht bringen könnte. — Zu meiner Zeit bekleidete Krysinski Majorsrang und bewegte sich etwas mehr im Norden als Rucki, doch bisweilen so nahe, daß sie und ihre Truppen zusammenkamen, etwa zwischen Radzyn, Sawin und Slawatycze am Bug.

Die Majore Jankowski und Zelinski handelten stets vereint, und zwar ebenfalls in der Nähe der beiden vorgenannten. Beides scheinen Männer von einiger Bildung und frühere Offiziere in anderen Heeren gewesen zu sein. Ich sah sie und ihre Truppen nur vorübergehend.

Oberst Jordan, von altpolnischem Adel, hatte in türkischen Diensten in der Krim gedient und sollte schon im März oder Anfang April von Krakau aus, wo er sich aufhielt, eine Partei in's Innere führen, was sich jedoch bis in den Mai verzog. Er wurde, wie fast Alle, nach kurzem Vormarsch zurückgeworfen. Ich lernte ihn als einen Mann von Bildung kennen, der mir aber mehr wie ein tapferer Haudegen als ein um- und weitsichtiger Feldherr vorkam. Sein Aeußeres war durch hohe Gestalt und einen schönen Blondkopf mit kriegerischem Ausdruck ebenso achtunggebietend als einnehmend.

Oberst Gregowicz, ein durchaus gebildeter Offizier und Vertrauen einflößender Mann, befehligte die Partei, welche am 2. April von Krakau aus die Grenze überschritt, nach einigen Tagen Vormarsches wegen Ausbleiben erwarteten Zuzugs und feindlicher Uebermacht sich wieder zurückzog und bei dem Dörfchen Sklarh kaum einige hundert Schritte von der Grenze ein Gefecht lieferte, aus welchem sich die Truppen gegen seine Befehle und Aufforderungen über die Grenze zurückzogen. Er wurde deßhalb vor dem Kriegsgericht zum Tod durch Erschießen verurtheilt, zur großen Entrüstung seiner Offiziere, war aber bereits auf preußischem Gebiet in Sicherheit. — Jenes Gefecht wurde an dem Oster-Sonntag geliefert, von welchem viele Polen glaubten, daß er zum Auferstehungstag ihres Vaterlandes werden würde. Das Ganze ist äußerst bezeichnend für Alles, was von Krakau ausging, ein mir aus naher Beobachtung genau bekanntes Beispiel unter vielen.

Oberst Czechowski, ein alter Mann, 1830 und 1831 Hauptmann gewesen, befehligte im März 1863 eine Partei, welche nahe an der großen Straße von Lemberg nach Warschau über die Grenze ging, konnte sich aber, an den Gang des großen Krieges gewöhnt, so schlecht in die Führung von Parteigängern finden, daß er z. B. zur größten Unzeit und vor irgend einem Erfolg Hinterhalte zurückberief, bei feindlichen Umzingelungen gänzlich den Kopf verlor. Auch seine Truppe zog sich über die Grenze zurück und wurde zum großen Theil von den Oesterreichern gefangen.

Oberst Szaniawski, Gutsbesitzer in Podlachien, als solcher durch die vorzügliche und wohlgeordnete Betreibung seiner Landwirthschaft und seine und seiner Frau freisinnige Behandlung der Bauern sich auszeichnend, arbeitete sich vor dem Aufstand durch Lesen von guten Büchern und den dafür erlassenen Vorschriften in die Führung von Parteigänger-Truppen hinein, war kurze Zeit Lelewel's Adjutant, erhielt dann den Oberbefehl über eine eigene Partei, bis er — nachdem er sie vortrefflich geführt — an ihrer Spitze auf dem Schlachtfeld von einer moskowitischen Kugel fiel und starb, worauf ihm sein Adjutant Krysinski, wie oben gesagt, folgte. Er muß ein in allen Beziehungen vorzüglich gebildeter und achtungswerther Mann gewesen sein.

Kuszma (Kriegsnamen), zu meiner Zeit Hauptmann, ebenfalls früher Gutsbesitzer, hatte sich einige Zeit in Paris aufgehalten und dort einige Weltbildung erworben und sich besonders durch einen höchst gelungenen, mehrtägigen Zug mit bloß 60 Mann aus Volhynien und Angesichts des Feindes über den Bug in's Lublinsche hinüber hervorgethan, war zu meiner Zeit sogenannter Waffencapitän bei Rucki. Ich lernte ihn als einen ächt polnischen Kriegsmann mit allen ihren Tugenden und Fehlern kennen. Seither hat er wieder als selbstständiger Anführer eine Partei befehligt.

Dieß sind ungefähr die Anführer („Vorsteher" Naczelniki) von Parteien, welche ich selbst kennen gelernt, oder von denen ich aus nächsten Quellen unterrichtet worden bin. Es ergibt sich aus den gegebenen Abrissen, wie aus allgemeinerer Beobachtung, daß die ganz aus dem jetzigen Kriege hervorgegangenen oder wenigstens größtentheils und aus untergeordneten Stellungen durch denselben hindurchgegangenen Führer weit größere Erfolge, namentlich bezüglich der Dauer ihrer Thätigkeit, erlangten als diejenigen, welche sofort als gemachte Anführer sich fertige Truppenabtheilungen geben ließen. — Mehr noch als im großen Krieg muß der Parteigängerführer vollständig mit seiner Mannschaft verwachsen sein und durch lange Bekanntschaft auch das äußere Feld seiner Thätigkeit kennen, und angeborne Begabung ersetzt bei ihm leicht den Mangel schulgerechter Kenntnisse und Fertigkeiten.

Die Parteigänger-Truppen oder „Parteien".

Partya, „Partei", nennt der Pole im Innern des Landes vorzugsweise die aus Mannschaft der verschiedensten Waffen zusammengesetzten, selbstständig unter einem Anführer wie die genannten handelnden Abtheilungen, welche man auswärts, besonders in Krakau und Lemberg, gern mit dem Namen „Corps", „Detachements" u. dergl. bezeichnet.

„Naczelnik" („Anführer", „Vorsteher") ist auch vorzugsweise in der Anrede die Benennung jener Befehlshaber. Seine Stellung nach oben ist früher schon hinlänglich bezeichnet. Man sieht, daß er unter sehr genauer und strenger Leitung und Verantwortlichkeit gegenüber der Regierung und den höheren Befehlshabern steht. Von dort empfängt er denn auch die nöthigen Gelder. Hinwieder ist seine Befugniß bedeutend. Er steht in dieser Hinsicht höher, wenn auch nicht gerade übergeordnet den gleichbenannten Naczelnik's bürgerlicher Art in den verschiedenen Landesbezirken, deren Mitwirkung er für Lebensunterhalt, Nachrichtenwesen, Aushebung von Mannschaft, Unterbringung und Zuweisung von Zuzüglern von auswärts, Verfertigung von Ausrüstungsgegenständen, Kleidern und Waffen 2c., so vielfältig und weit mehr als der Befehlshaber der Abtheilung eines gewöhnlichen Heeres bedarf. Wenn er sich im Innern des Landes befindet, so muß er größtentheils auf Heranziehung von Zuzüglern bedacht sein, indem er für lockende Erfolge, gute Behandlung und Verpflegung seiner Mannschaft sorgt und sich dadurch einen guten Ruf erwirbt. Er erhält seinen Zuwachs meist gänzlich ungeübt und muß daher seine junge Mannschaft von vornherein selbst eindrillen lassen, seine Offiziere und Unteroffiziere heranziehen und einüben. Er ernennt sie daher auch vorläufig und entsetzt sie wieder bei schlechtem Verhalten. Er setzt für schwerere Fälle aus eigener Befugniß Kriegsgerichte nieder, und ihre Urtheile werden nur auf seine Bestätigung hin vollzogen 2c.

Seine Mannschaft ist sehr verschiedenartig zusammengesetzt, meist zu einem sehr kleinen Theil aus Leuten, die den Kriegsdienst kennen. Dieß sind zu einem nicht geringen Theil gewesene und entlassene Angehörige russischer Truppen, — ferner unmittelbar aus denselben übergelaufene. Ich sah selbst einmal einen russischen Uhlanenoffizier in voller Uniform auf einem offenen Wagen mehrere Tagereisen weit her in Rucki's Lager ankommen, wo er vom Willkommen fast erdrückt wurde. Daß unter den täglich sich stellenden Zuzüglern Ueberläufer waren, gehörte zu den gewöhnlichen Erscheinungen. Auch aus preußischen und österreichischen Diensten findet man nicht selten Entlassene bei den Polen. Im Innern sind gewesene französische, belgische, Garibaldi'sche oder sonst italienische, türkische Militärs keine seltene Erscheinungen. — Schüler höherer Lehranstalten vom Inland (Warschau, Lublin rc.), Galizien, Wien, Paris (Ecole centrale), polnischer Abstammung, (Studenten des Rechts, Ingenieure rc.) sind in allen Graden nicht selten, ferner Gutsbesitzer, gewesene Dienstleute (Verwalter, Stallmeister, Förster rc.) derselben, städtische und Staatsbeamte, Handwerker aller Art und endlich eine ganz ansehnliche Zahl von Bauern. Dieß waren ungefähr die Bestandtheile der von mir gesehenen „Parteien" im Innern, wozu dann noch Geistliche und Aerzte, in ihren Berufen verwendet, zu nennen sind. Man sieht, daß die ganze Bevölkerung dabei vertreten ist. Die meisten dieser Leute schienen mir Freiwillige zu sein. Ja, von keinem einzigen ist mir bekannt, daß er von einem erhaltenen Befehl, sich zu stellen, gesprochen habe, obgleich von solchen hier und da, als an Auswärtige ergangen, die Rede war. Neben der Vaterlandsliebe und der Neigung zum Waffendienst spielten ohne Zweifel allerlei andere Beweggründe dabei eine große Rolle, namentlich — wie mir dieß Rucki sagte, bei der sehr guten Verpflegung in den Lagern und Edelhöfen — „daß sie gut zu essen und zu trinken bekamen."

Der Stab einer Parteigänger-Abtheilung ist so eingerichtet, daß er auch für weit größere Heertheile passen würde, also auf ein Anwachsen berechnet. Die Verrichtungen seiner einzelnen Glieder sind so ähnlich den unsern, und der Wortlaut der deßfallsigen Dienstvorschriften stimmt so sehr mit unserer „Anleitung für den Generalstab" überein, namentlich noch weit mehr als mit den französischen, daß man sich unwillkürlich fragt, ob sie nicht den unseren entnommen sind. Dasselbe gilt von den in denselben Vorschriften enthaltenen Bestimmungen über Bildung und Eintheilung des Heeres, welche freilich noch sehr weit von einer Verwirklichung entfernt sind und nur noch in den schwächsten Anfängen bei den einzelnen „Parteien" sich zeigen. Die Verrichtungen der einzelnen Glieder des Stabes hingegen gehen ihren erträglich geordneten, vorschriftsmäßigen Gang. Diese Glieder waren bei Rucki und Krysinski:

der Chef des Stabes (szef sztabu), den wir Divisions- oder Brigade-Adjutant nennen würden;
der (persönliche) „Adjutant" (des Naczelnik);
der „Intendant" oder Kriegscommissär;
einer oder mehrere Secretäre des Naczelnik;
der Caplan;
der Arzt („Doktor");
der Büchsenschmied.

Bei Rucki war noch ein „Waffencapitän" (kapitan broni), welcher aber neben der Aufsicht über Waffen und Schießbedarf auch noch vor dem Feind die unmittelbare Gefechtsleitung wenigstens der Fußtruppen hatte, so daß er gewissermaßen als Befehlshaber derselben angesehen werden kann, ohne jedoch mit dem sonstigen Dienst derselben sich zu befassen.

Der Stab war namentlich bei Rucki ganz gut mit Büchern und Karten, sowohl gestochenen als gezeichneten, versehen, z. B. mit den:

Dienstvorschriften für die Uebungen der Fußtruppen, Soldatenschule (Szkola Zolnierza), Plotons-Schule (Szkola Plutonu), Jägerdienst (Tyralierka), Sensenmänner-Schule (Kosynierka) sowohl, als die Uebungen in Bataillonen, Regimentern (Pulk) und Heeres-Divisionen, ferner für den Dienst des Stabes und der Truppen, und zwar vorzüglich den Wacht- und Marschdienst im Felde. Außer den ausführlichen Vorschriften (Regulamen) mit Druckortangabe „Paris", besteht noch ein kurzes Hülfsbüchlein:

Pomocnik dla oficerów Piechoty (Gehülfe des Fußoffiziers) mit Angabe: „Turyn 1863", welches in Posen und Krakau öffentlich von den Buchhändlern verkauft wurde.

Instrukcja dla oficerów postepowaniu wojskow w obozach 22. Mai 1863 (Weisungen für die Offiziere des aufständischen Heeres für den Lagerdienst).

Partyzanska przez Karola Bogumira Stolzmana, Paryz i Lipska Brockhaus i Avenarius 1844 (der

Parteigänger-Krieg von Karl Bogumir Stolzmann Paris und Leipzig, Brockhaus und Avenarius).

Karte des Königreichs Polen, entworfen und gezeichnet von F. B. Engelhardt. Berlin, bei Simon Schropp und Comp. (Eine äußerst genaue topographische Karte im Maßstab von ungefähr 64,000).

Eine von Hand gezeichnete Karte mit Angabe aller Wälder und Sümpfe.

Bei diesem Anlaß empfehle ich auch die in den meisten Buchhandlungen Posens und Galiziens vorräthigen, in Glogau herausgekommenen Karten von Reymann, im Maßstab von ungefähr 50,000, welche dem Privatmann auf der Reise so dienen, daß er fast ohne alle Nachfrage fortkommen kann.

Ein höchst wichtiges Werkzeug des Stabes war das amtliche Siegel, welches in weitaus den meisten Fällen die Unterschrift ersetzte; wenn es auch oft bloß am Ruß einer Lampe geschwärzt war, so übte es doch einen mächtigen Zauber aus. Besonders häufig kam es zur Anwendung auf Paßkarten zum Ein- und Austritt bei den Vorposten, welche — meist nur für einmal gültig — kaum etwas größer als eine Francomarke waren. — In Uniform sah ich niemals irgend ein Glied des Stabes.

Offiziere und Unteroffiziere.

Die mir bekannten Rangstufen sind: Oberst (Pulkownik), [daß die eines Oberstlieutenant (Podpulkownik) in Anwendung gekommen wäre, davon ist mir kein Beispiel bekannt] Major, Hauptmann (Kapitan) oder Rittmeister (Rotmistrz), Oberlieutenant (Porucznik), Unterlieutenant (Podporucznik), — Unteroffizier (Podoficer), (ohne daß mir eine Benennung verschiedener Arten derselben, soviel erinnerlich, vorkam) und Corporal (Kapral). Ueber ihre Verrichtungen ist nichts zu bemerken, was von den allgemein üblichen abweicht.

Die Ernennung innerhalb der einzelnen Parteien geschieht, wie schon bemerkt, — wenigstens im Innern des Landes und vorläufig — durch den Naczelnik, der auch wieder entsetzt. Ein auffallendes Beispiel davon sah ich bei der Partei von Rucki. Nachdem sie — seit 7 Wochen zum erstenmal — zum Gefecht mit den Russen gekommen und durch Ausreißer bedeutend sich gemindert hatte, traf es sich zufällig, daß am folgenden oder zweitfolgenden Tage einige Italiener und Franzosen dazu kamen, welche für gewesene Garibaldi'sche und italienische Offiziere galten. Rucki entfernte ebenso viele von seinen bisherigen Offizieren, namentlich die, welche er hauptsächlich bei jenem Gefecht für fehlbar hielt, von ihren Stellen und ersetzte sie durch die kaum angekommenen Ausländer, welche kein Wort polnisch verstanden, indem er ihnen Dollmetscher zutheilte, von denen ich nicht sagen kann, daß sie ihre unter diesen Umständen schwierigen Verrichtungen mit irgend welchem Geschick versahen. Es entstand dadurch ein schwerer Verlauf des ganzen Dienstganges und eine Unzufriedenheit unter den bisherigen Offizieren und einem großen Theil der Truppen, welche mir bei der mißlichen Lage derselben entschieden nachtheiliger schien als eine minder störende Maßnahme, z. B. das Zutheilen der neuen Ankömmlinge als Gehülfen der bisherigen Offiziere. Die entsetzten Offiziere begaben sich theils als Gemeine in andere Abtheilungen als die, zu welchen sie bisher gehört, theils folgten sie der Partei ohne Beschäftigung, theils wurden sie, als verhaftet, entwaffnet von der Nachhut geführt.

Wo die Truppen in unmittelbarem Verkehr mit den Behörden der Regierung stehen, da geschieht umgekehrt Ernennung und Eintheilung der Offiziere und Unteroffiziere durch jene großentheils ohne Wissen des Befehlshabers der Partei, so daß dieser oft im Augenblick, wo er die feindliche Grenze erreicht, die meisten seiner Untergebenen zum erstenmal sieht, — ein Uebelstand, welcher nicht wenig zu dem Mißlingen aller von außen kommenden Unternehmungen beiträgt.

Mit der Befähigung der Offiziere und Unteroffiziere sieht es höchst verschieden aus. Die einen Offiziere sind gehörig, vielleicht nur zu sehr, in stehenden Heeren geschult, halten deßhalb auf großentheils ganz unnütze, ja schädliche Schulübungen; die andern verdanken ihre Stellung irgend einer gelungenen Waffenthat, welche sie ohne Spur von Schulung weder ihrer selbst, noch ihrer Leute verrichteten, und werfen deßhalb alle Uebungen über Bord. Daher entsteht eine gewisse Spannung zwischen den „lang-gedienten" und den „reinaufständischen" Offizieren. — Unter den Unteroffizieren findet man manche, welche ganz nette Männer mit einem gewissen Maße bürgerlicher Schulbildung sind, denen aber aller Sinn für den Waffendienst gänzlich abgeht. Rucki glaubte seine Truppen gehörig in einen Rahmen von Offizieren und Unteroffizieren einfassen zu sollen, wenn auch das Holz dazu noch so schlecht war, und gerieth dann selbst oft fast in Verzweiflung über ihre ganz ungenügenden Leistungen. Die Leichtigkeit, bei ihm Offizier oder Unteroffizier zu werden, mochte mit zum schnellen Anwachs seiner Partei beitragen, rächte sich aber, wie schon bemerkt, beim ersten Anlaß durch großartiges Ausreißen. — Bei Krysinski wurde mehr auf die Fähigkeit der Beförderten, als auf vollzählige Stellenbesetzung gesehen, wodurch freilich die Pflichten und Befugnisse der ersteren durch die größere Zahl ihrer Leute erschwert wurden. Doch schien mir das Triebwerk bei ihm entschieden besser zu laufen.

Bei Rucki und in anderen Corps waren einzelne Offiziere zu Instructoren bestellt. Bei Krysinski sah ich nichts derartiges. Wer befahl, der unterrichtete auch.

Unterscheidungszeichen der Offiziere waren für den Hauptmann 3, den Porucznik 2, den Podporucznik 1 Silberlitze vorn an den Kragenenden und an den Aermelaufschlägen. Wohl über die Hälfte der Offiziere trug aber weder Uniform, noch Auszeichnung. Die meisten waren mit Säbel und Revolver, einzelne auch mit Stutzern oder Gewehren bewaffnet. — Bei Gregowicz und Rucki trugen die Offiziere messingene Signalpfeifen, und bei Rucki bei besonderen Anlässen auch weiß und rothe Schärpen.

Die Truppen.

Fußtruppen.

Die Sensenmänner oder Kosyniery (von „kosa“, „die Sense“), auf französisch nicht unpassend „faucheurs“ (Schnitter) benannt, verdienen als die eigenthümlichste und — bei guter Mannschaft — den Russen furchtbarste Waffe zuerst erwähnt zu werden.

Die Mannschaft besteht ursprünglich und auch noch größtentheils jetzt aus Bauern oder Landleuten (wenigstens in den Parteien, welche ich sah) und aus Land-Handwerkern, einem im Ganzen kräftigen und besonders zähen und abgehärteten Schlag Leute, welche jedoch fast nichts ohne äußere Anregung thun, sondern, wenn sie sich selbst überlassen sind, einfach essen, trinken, schlafen und faulenzen, höchstens Musik machen und tanzen. Im feindlichen Feuer soll es einige Mühe kosten, sie zusammenzuhalten und zum Vorgehen gegen den Feind zu bringen. Einmal aber darin begriffen, halten sie sich tapfer.

Ihre Waffe ist die gestreckte Sensenklinge mit ihrem unteren oder breiten Ende in das obere gespaltene Ende einer 2″ starken, ungefähr 10—12′ langen Stange eingeschoben und mit ringsum und der Länge nach gehenden Zwingen und Schienen befestigt. Eine kleine Vervollkommnung besteht darin, daß der Draht oder die dünne Eisenstange, welche längs des Rückens der Klinge läuft, an deren oberem Ende davon losgemacht, im rechten Winkel zurückgebogen und gespitzt, und von da bis zur Spitze der Klinge auch der der Rücken der letzteren geschärft wird, wodurch die Waffe Aehnlichkeit mit der Partisane oder Hellebarde erhält. Nicht selten sind auch Klingen, welche nicht aus Sensen, sondern eigens als Waffe verfertigt sind, dann nicht gebogen, sondern gerade und noch öfter mit einem Haken, wie der eben bezeichnete, nur stärker, versehen sind, also einer schmalen Partisane an langer Stange gleichkommen.

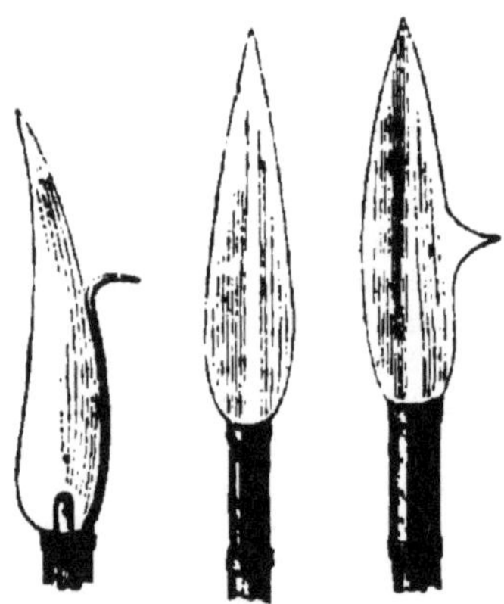

Die Handgriffe mit dieser Waffe sind höchst einfach. Steht der Mann nicht in Gegenwart des Feindes, so stellt er das untere Ende der Stange zu Boden, die Spitze aufwärts. Im Marsche trägt er sie auf der Schulter, je nach Umständen die Klinge auf- oder — jedoch seltener — abwärts gekehrt. Gegen den Feind hält er sie entweder in fast wagerechter Lage diesem entgegen und parirt damit entweder nach rechts oder links, und stößt hierauf einfach vorwärts auf den entblößten Gegner, oder er haut von oben herunter, wenn er geschlossen kämpft. In mehr oder weniger lockerer Stellung vervielfältigen sich auch die verschiedenen Paraden, Hiebe und Stiche, ohne daß ihn darüber etwas Anderes als das angeborne Geschick leiten soll.

Die damit gemachten Wunden sind furchtbar, zu drei Viertheilen durchgehauene Köpfe z. B. nicht selten.

Die Bewegungen der Sensenmänner geschehen entweder auf 2 Gliedern, oder aber 6 Mann tief; letzteres in Folge Eintheilung in 6 Mann breite Abtheilungen, durch deren Abschwenken oder Schließen in Colonne und Frontmachen nach der Colonnenflanke eine 6 Mann tiefe Schlachtordnung entsteht, in welcher der Feind entweder erwartet oder angegriffen wird. Gegen feindliche Reiterei wird ein zweigliedriges Viereck gebildet, wobei das erste Glied kniet und die Sensenklingen bis zur Brusthöhe der Pferde erhebt, während das untere Stangenende den Boden berührt. Das zweite Glied führt auf Commando und im Takt die Hiebe von oben, und zwar schon einige Zeit bevor der Feind erreichbar ist. Auch bricht die zweigliedrige Ordnung der Sensenmänner in Kette aus und folgt so auf 30—60 Schritt derjenigen der Schützen gegen zerstreut fechtende Feinde, um letztere im Nothfall aufzunehmen. So bei den Parteien, bei welchen ich Sensenmänner sah.

Die gedruckten Vorschriften enthalten mehrere andere ziemlich zusammengesetzte Bewegungen zur Bildung von Zangen-, Keil- oder „Sturm-" (szturmowej), tiefen oder „Angriffs-" („do attaku") Colonnen, Linien mit bastionartigen Flügeln der Schützen u. s. w., welche wohl mit Recht als künstliche Spielereien im Felde, so viel ich sah, weder geübt, noch angewandt wurden. Gekleidet sah ich die Kosynierÿ meist in polnische Bauerntracht, d. h. häufig nur in hänfenem Hemd, Hosen und großem Strohhut, wozu bei der Mehrzahl noch Stiefel und ein besonders an Rücken und Schößen reichlich und oft zierlich beschnürter Rock kommt. Oft bedeckt eine viereckige Polenmütze ohne Schirm den Kopf, an welcher der polnische Adler oder eine Bandschleife mit den polnischen Farben (blau, purpur, weiß) leise Anfänge von Uniformirung zeigen. — Manche, besonders Handwerker, tragen auch allgemein europäische Kleidung.

Die Ausrüstung des Sensenmanns besteht meist in einem leinenen Sack, einer Tasche von Lindenbast, oder aber einer ebenfalls ein Zeichen der Gleichmäßigkeit bildenden vorschriftsmäßigen Wachstuchtasche, an einem oder zwei Stricken, Gurten oder Riemen über eine oder beide Achseln gehängt. Das Kochgeschirr führen die Wagen nach.

Nachzuholen ist noch, daß wer kein Pferd mitbringt,

kein besonders geübter Reiter ist, und keinen Begriff von Laden und Schießen mit einer Feuerwaffe hat, unter die Sensenmänner eingetheilt wird; sie bilden etwa die Hälfte des Fußvolkes.

Eine Sensenmänner-Truppe ist schon auf dem Marsch, wo dann das dumpfe Klingen der einander unabsichtlich berührenden Sensen dazu kommt, oder im Halbdunkel des Waldes, hinter deren Rand sie sich auf einige Entfernung dem Feinde gegenüber aufstellt, ein schauerlicher Anblick, weit unheimlicher als eine Feuerwaffen- oder Reitertruppe. Ihren Angriff fürchten die Moskowiten so sehr, daß sie denselben, wenn sie nicht außerordentlich an Zahl oder durch sonstige Umstände überlegen sind, fast niemals abwarten, sondern ihm durch Flucht oder Rückzug weichen. Die Polen behaupten, ein entschlossen vorgehender Trupp Sensenmänner sei einer achtmal (diese Zahl hörte ich wiederholt nennen) starken moskowitischen Truppe überlegen. Das Geschützfeuer der Moskowiten gilt daher vorzüglich den Sensenmännern und wird von diesen auch am meisten gefürchtet.

Was ich über die Sensenmänner in Polen beobachtet habe, hat meine längst gehegte Ansicht zur vollkommenen Ueberzeugung gereift, daß wir Schweizer alle unsere Mannschaft, welche nicht zum Schießen bestimmtes Geschick hat, mit einer Hieb- und Stichwaffe, jedoch ziemlich viel kürzer als die polnische, etwa mit der alten, kurzen Hellebarde der Eidgenossen des 14. und 15. Jahrhunderts, bewaffnen sollten. Unser durchschnittener Boden gewährt fast überall Deckung für solche Truppen bis zum Augenblick des Angriffs.

Beim Wachtdienst sind die Sensenmänner von großem Nutzen, in den meisten Fällen so gut als Gewehrträger. Die Wachtmannschaft wird daher überall, bis auf die Schildwachen herab, halb und halb aus Sensen- und Gewehrmännern gebildet, was eine ganz gute Wirkung macht.

Wo es Fahnen gibt, haben die Sensenmänner die ihre, wie die Gewehrträger.

Die Gewehrträger theilen sich in Scharfschützen

(Karabynieri) und Jäger (Tyraliery), und tragen den gemeinsamen Namen „Schützen“ (Strzelcy). Eigene Füsilier- oder Centrumcompagnien nach unseren Begriffen fallen beim Parteigängerkrieg, besonders in so kleinen Parteien, wie die meisten polnischen sind, von selbst weg. Der Unterschied zwischen beiden besteht einzig in der Bewaffnung und daher auch in der Auswahl der Mannschaft.

Jedes gezogene Gewehr wurde bei den Parteien, die ich sah, mit dem Namen Stutzer (Sztuciec) beehrt, und die, welche solche trugen, in eine Truppe vereinigt, welcher zur Ergänzung bis zu einer gewissen Zahl wohl auch Leute mit besseren glattläufigen Waffen zugetheilt wurden. Das Ganze bildete die Scharfschützen- (Karabynieri-) Compagnie. Die gezogenen Gewehre waren von sehr verschiedener Art und namentlich verschiedener Rohrweite. In einigermaßen bemerkenswerthen Gesammtlieferungen (etwa zwischen 30 und 80 Stück) waren solche angeblich in Belgien verfertigte, äußerlich nicht ganz fertig gearbeitete, ohne irgend welche Stempel oder andere Zeichen vorhanden, deren Züge, Schloß und Haubajonnet zum Feldgebrauch vollkommen brauchbar waren. Ihr kurzer Lauf berechtigte sie am ehesten zum Namen eines Stutzens. An Zahl folgten ihnen hierauf die österreichischen Gewehre neuester Vorschrift. Die österreichische Rohrweite soll seither von der polnischen Regierung von Amtswegen eingeführt worden sein. Auch russische Gewehre waren nicht selten. Von glattläufigen Kriegswaffen sah ich am meisten österreichische alter Art.

Jagdwaffen waren von allen Arten und Rohrweiten vorhanden, von solchen, die für die Wolfs- und Wildschweinsjagd, bis zu solchen, die zum Schießen von Spatzen bestimmt waren, die ersteren auf Kugeln berechnet, die meisten doppelläufig (dubeltuwka), manche am Schloß schadhaft oder ohne Ladestock, also ganz unbrauchbar und vom Inhaber nur in der Hoffnung dereinstiger Ausbesserung getragen.

Von den Jagddoppelbüchsen waren oder wurden so viele wie möglich mit ziemlich roh gearbeiteten, aber ganz brauchbaren, jedoch dem Zielen hinderlichen Bajonnets, meist Haubajonnets, versehen, die vermittelst einer am unteren Ende angebrachten, beide Läufe eng anschließend umfassenden Klammer, welche auf der anderen Seite mittelst einer beide Arme zusammenfassenden Schraube geschlossen war, derart bleibend und fest mit dem Lauf zusammenhingen, daß das gewöhnliche Bajonnetabnehmen dadurch unmöglich wurde.

Von den Handgriffen der Gewehrtragenden führe ich bloß an, daß das Tragen des Gewehrs im rechten Arm (wie vor etwa 20 Jahren bei unseren Unteroffizieren) den Grundhandgriff des stillstehenden Mannes bildet, (wofür ich bei uns in früheren Zeiten mich aussprach) und sich durchaus bewährt.

Die Aufstellung ist zweigliedrig; die Bildung der geschlossenen Colonne geschieht meist auf nachahmenswerthe Weise im Vormarsch, ohne anzuhalten. Aus der Angriffs- oder geschlossenen Colonne bildet sich das volle Viereck gegen Reiterei durch Gliederverdoppeln der inneren Staffeln auf gewohnte Weise, Frontmachen und Schließen nach außen, wodurch in den Flanken die offenen Abstände verschlossen werden, was mir ganz gut gefiel. Weniger leuchtete mir die häufige Anwendung der offenen Colonne wenigstens auf dem Uebungsplatz und der Gebrauch ein: beim Vormarsch der Jägerkette im Feuer nicht auf gegenseitige Unterstützung der zwei Rottenkameraden zu achten, sondern jedes Glied auf einmal auf Commando durch das andere vorrücken zu lassen. Sonst sah ich auf diesem Gebiet nichts Bemerkenswerthes.

Im Gefecht verhielt sich das gewehrtragende Fußvolk, besonders die sogenannten Scharfschützen, ungefähr so wie unsere Jäger bei den Friedensübungen, und vermochte dadurch dem Feinde die nöthige Achtung einzuflößen. Die Offiziere, selbst der Naczelnik Kryſinski, schossen nicht selten in der Schützenkette mit. Selbst die so dürftig bewaffneten, meist kaum dem Knabenalter entwachsenen Tyralierh bewegten sich, wenn auch nicht mit besonderer Umsicht, doch furchtlos und sogar fröhlich im feindlichen Feuer.

Bekleidung und Ausrüstung war sehr verschiedenartig, Uniform vorzugsweise bei den Scharfschützen vorhanden. Diese schienen mir bei Rucki in einer glücklichen Vereinigung derjenigen der britischen freiwilligen Scharfschützen neuester Zeit mit etwas österreichischer Beimischung zu bestehen. Die Kopfbedeckung bestand in einer ganz an den Kopf anschließenden runden Kappe von Wachstuch (grün für Karabhnierh, braun für Tyralierh), mit großem, wagrechtem, gutschützendem Schirm. Ungemein, ja am besten von allen mir noch je vorgekommenen Kriegsbekleidungen gefiel mir der Rock von bequemer Weite mit Kragen zum Zurückliẞen, großen guten Taschen auf jeder Brust und an jeder Seite, hinten dicht unten am Kragen (a a) nach österreichischem Schnitt in Falten gelegt, und sowohl mit einer Patte hinten, als mit einer inwendig frei im Futter laufenden Schnur (sogenanntem „courant“) zum Zusammenziehen in Hüfthöhe eingerichtet.

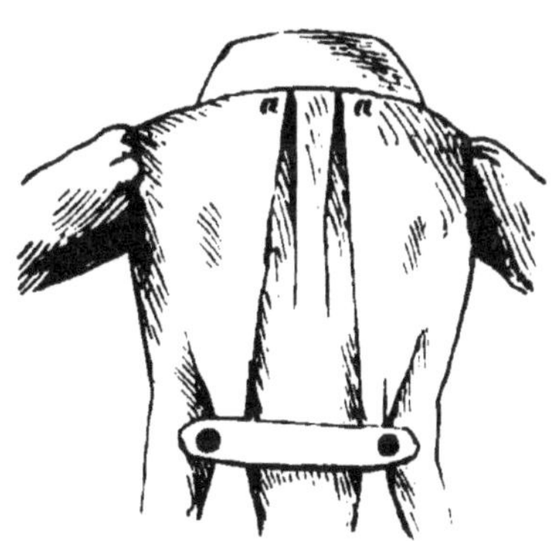

Während meines Aufenthalts bei Rucki kamen auch Tornister an, welche mir denen der britischen Freiwilligen gleich schienen, ganz weich und biegsam, zum Aufschnallen eines leichten Ueberkleides und sowohl zum Anhängen am Gurt, als über die Achseln eingerichtet.

Patrontaschen in zweierlei Mustern, das eine größer und von weichem Leder, das andere kleiner und durch Holzwände steif, wurden stets am Gurt getragen, selbstverständlich auch das Seitengewehr, insofern vorhanden, und ebenso das Bajonnet.

Die häufigste, beinahe allgemein übliche Fußbekleidung waren Stiefel, in welche die Hosen gesteckt wurden.

Auf dem Marsch oder im Gefecht barfuß, wie manche Kosynieri, sah ich keine Gewehrträger.

Bei Krysinski bestanden die vorhandenen Uniformen in zwilchenen und leinenen Ueberhemden und viereckigen wollenen Mützen polnischer Tracht mit Schirm.

Aufschläge und sonstiger Besatz war bei beiden Parteien (und allen Fußtruppen im Lublinschen) gelb.

Reiterei.

Der Pole ist bekanntlich ein geborner Reiter, und zwar, wie mir schien, mehr noch der Bauer als der Edelmann. Jener schwingt sich schon als kleiner Knabe auf der Weide auf's völlig nackte Pferd und jagt mit ihm in vollem Galopp durch Sumpf und Sand, Feld und Wald, über Stock und Stein, indem er ihm durch flache Schläge mit der Hand auf den oberen Hals statt mit dem Zaum und mit Füßen und Schenkeln die nöthigen Hülfen gibt.

Doch befinden sich in den „Parteien", bei der Reiterei ohne alle Rücksicht auf den Rang, ziemlich viele Edelleute (sie bilden fast die Mehrzahl), und zwar mitunter von vollendeter äußerer und geistiger Bildung, daneben aber auch Leute aus der ursprünglichsten Bauernclasse, wenn sie sich besonders zum Reiterdienst eignen. Bei keiner Waffe zeigt sich eine so mannigfaltige Zusammensetzung, bei keiner ist es so häufig, daß der Zuzügler so vollständig mit allem Nöthigen, Pferd, Waffen,

Ausrüstung für Pferd und Mann, Kleidung ꝛc. eintrifft, — bald ausgesucht bürgerlich, sei es nach allgemein europäischer Beschaffenheit, sei es nach vorzugsweise polnischer Weise; bald militärisch, wie aus dem besteingerichteten Gestüt, Zeughaus und Montirungsdepot. — Eine Aufzählung der höchst verschiedenartigen, in ihrer Erscheinung auffallenden Gestalten in den Reiterabtheilungen der von mir gesehenen Parteien würde zu weit führen. Bei keiner anderen Waffe ist dieß in gleichem Maße der Fall.

Die Pferde waren meistens vom Reiter mitgebracht, theilweise von den Behörden gestellt, theilweise von der Partei erbeutet. Sie gehörten durchweg zum größten in Polen vorkommenden, ungefähr mittelgroßen, sehr gut in die Augen fallenden Schlag, mit „trockenen" leichten Beinen und Füßen, schmalem, spitzem Kreuz, leichtgetragenem Schweif, wohlgebautem Hals, trockenem Kopf, offenen Nüstern, lebhaftem Aug' und Ohr, viele Füchse, auch Braune, einige Rappen, wenige Schimmel, vortreffliche Läufer, unermüdlich, abgehärtet gegen Strapazen und mangelhafte Pflege, aber reichlichen Hart- (meist Hafer) Futters bedürftig. — Der polnische Reiter, und zwar der Rittmeister voran, führt z. B. sein Pferd schweißtriefend, nach mehrstündigem, fast unausgesetztem Trab und Galopp, sofort in derselben Gangart — oft durch's Wasser — zur Tränke, und dann erst zur Fütterung, sicher, daß es seinem Pferde nichts thut. Einzeln reitet er fast immer Galopp oder Trab, wobei er sich werfen läßt wie der Engländer. Er traut und muthet seinem Pferde sehr viel zu und behandelt es, wenn auch nicht roh, doch seinem Wesen gemäß, heftig, rasch, fast wild. Er führt es nicht, sondern bändigt es. Daher mag es kommen, daß er sein Pferd falsch und boshaft nennt. Den Hufen, von welchen oft nur die vordern beschlagen sind, und den Fesselgelenken, welche von langen und raschen Ritten im Sand leicht wund werden, widmet er besondere Pflege, und das Salben und Wäschen derselben ist das erste Geschäft des müden Reiters.

Die Zäumung ist sehr oft äußerst einfach, und besteht häufig, selbst beim Naczelnik, aus einer bloß aus Kopf- und Backenstück-Riemen, Knebel und Zügel beschaffenen Trense. Die vollständigeren Zäume bis zu den allervollkommensten bieten in ihrem Bau nichts Besonderes dar. Die aus alter polnischer Zeit sind oft reich mit Zotteln und Messingbeschlägen verziert.

Die Sättel dagegen schienen mir viel verschiedenartiger zu sein. Außer dem englischen und dem ungarischen Bock ist neben manchen anderen Arten besonders der Kosakensattel nicht selten zu sehen. Er hat hinten und vorn hohe hölzerne Bretterwände, und an diese sich anschließend, starke, runde, wulstartig auf beiden Seiten hinuntergehende Kissen, welche zwischen sich für sehr tiefen Sitz und Schluß Platz lassen und eine ganz eigene Schenkelhaltung erfordern, ferner eine Unzahl von übereinander angebrachten Satteltaschen und eigenthümliche Gürtung. Nach einmal erlangter Gewohnheit soll es sich sehr angenehm und lange, ohne müde zu werden, in diesem Sattel reiten.

Die Vorrichtungen für Bepackung sind nach verschiedenartiger und meist ganz von den vorhandenen Mitteln dazu und der Erfindung des Einzelnen abhängig. Jeder ist auf Mitführung von Hartfutter und eines mantelartigen Kleidungsstückes eingerichtet. Pistolenhalfter an den Sätteln sah ich sehr wenige.

Die Bewaffnung des Reiters bestand bei den von mir gesehenen Parteien fast überall aus Doppelbüchse, Revolver oder sonstigen Pistolen und Säbel; die Doppelbüchse stets am Riemen über die Schulter, oder oft auf ganz eigene Art um den Hals oder vor die Brust gehängt; der Säbel, entweder ein gewöhnlicher Reiter-Korbsäbel, in Stahl-, hier und da Lederscheide, oder dann der polnische, auch Kosakensäbel, mit sehr handlichem Griff ohne Stange, Bügel und Korb oder irgend welche sonstige Deckung, unten an dem nasenförmigen Ende mit einem Einschnitt, worin beim Tragen in der

Scheibe, wenn die Hand den Griff umfaßt, sich bequem der Daumen legt, die Scheide mit der Schärfe der Klinge aufwärts und weit höher und der wagrechten näher, als beim gewöhnlichen Schleppsäbel aufgehängt, mit Leder überzogen.

Die Revolver oder Pistolen fast immer an einer starken wollenen, um den Hals gehenden, vorn durch einen beweglichen Ring laufenden Schnur befestigt, welche an einem Metallring am Kolben oder aber am Abzugbügel jeder Pistole angebunden war, so daß die Pistole fallen gelassen werden konnte, ohne sie zu verlieren. Diese steckten im Gürtel, meist von einer leichten Halfter mit leicht beweglichem Deckel verwahrt.

Selten sah man noch einen Dolch im Gürtel stecken.

Lanzen standen bei Rucki's Partei im Lager gefechtsbereit an die Bäume gelehnt, wurden aber nur bei Paradeanlässen von den Reitern getragen, sonst aber auf einem Wagen mitgeführt, wahrscheinlich weil den meisten Reitern die Uebung in ihrem Gebrauche fehlte, ohne welche sie, besonders im Wald, weit mehr hemmen als nützen. Sie waren ungefähr 10 -- 12 Fuß lang, hatten Spitzen, welche nach unten in Schienen auslaufend, mit diesen an den Stangen befestigt waren. Diese, etwa 1" 5"' dick, hatte eine Flamme (kleine zweizüngige Fahne) von weiß und rothem (altpolnische Farben) Baumwollen- oder Wollenzeug, ferner einen schlaufenförmigen Lederriemen zum Anhängen an den Oberarm, und einen Stiefel mit Schnalle zur Befestigung an den rechten Steigbügel.

Andere Reiterabtheilungen trugen ihre Lanzen auch auf dem Marsch. — Bei Krysinski's Partei sah ich gar keine Lanzen.

Uniform trugen bloß einzelne Abtheilungen gleichmäßig mit viereckigen Mützen von Tuch mit Schirm, oder ohne solchen und Ueberhemden; einzelne Reiter trugen auch die Uniform von 1830/31, blau mit Amaranth- oder Purpurbesatz und uhlanenartigem Schnitt.

Die polnischen Reitertruppen, die ich sah, machten den Eindruck von etwas außerordentlich Kriegerischem bei aller Verschiedenartigkeit. Bei guter Ordnung im

Ganzen blickte aus der freien Haltung des Einzelnen, der ungezwungenen Art, seine Waffen und Ausrüstung so zu tragen, wie es ihm für Marsch oder Gefecht am handlichsten schien, — aus den hellen Augen und kräftigen Zügen, frischer Muth, Kampflust, Gewandtheit und Gewöhnung an Waffengebrauch und Pferdeführung und Gleichgültigkeit gegen Beschwerden und Strapazen.

Die Eintheilung dieser Truppentheile als Schwadron (von 60—80 Pferden) in Pelotons und Sectionen hatte bloß auf dem Uebungsplatz Bedeutung. Hier wurde auf der Bahn, d. h. in einem großen, bloß durch den Hufschlag bezeichneten Viereck, auf offenem Dorfanger, die verschiedenen Gangarten und Wendungen geübt, dann auch aus geschlossener Ordnung in Front mit 2 Gliedern geritten, oder zu Zweien, Dreien, Vieren, Sechsen oder mit Sectionen oder Pelotons ab- und wieder aufmarschirt rc., ohne daß mir eine auffallende Abweichung von der Schule anderer Heere auffiel. Manches kam mir etwas veraltet vor, z. B. der häufige Gebrauch des: Rechte (linke) Schulter vor! (Prawe [lewe] Ramiona naprzód.)

Zum Dienst war die Reiterei jeder Partei in einzelne (2—4) Abtheilungen getheilt, von welchen beinahe immer wenigstens eine abwesend war, und jede einen oder zwei Offiziere nebst einigen Unteroffizieren zählte. Mochte auch der Stamm einer solchen Abtheilung soviel wie möglich stets derselbe bleiben, so wurden sie doch je nach Zweck, Bedürfniß und Umständen in ihrer Zahl verändert. Von fest bestimmten Einheiten war dabei keine Rede.

Trompeter ritten bei Rucki mehrere mit der Trompete auf dem Rücken im Glied mit, ohne je zu blasen. Bei Kryšinski waren deren auch mehrere; jedoch wurde nur von einem geblasen, und zwar bloß Zeichen, vorzüglich: „Zu den Waffen!"

Der Dienst war derjenige leichter Reiterei, vorzüglich Kundschafts- und Sicherheitsdienst, Streifzüge zum Necken des Feindes, Plänkeln und in seltenen Fällen geschlossener Angriff.

Beim Feldwachdienst dienten die Reiter ausschließlich den andern Waffen zu Streifwachen. Ferner waren jeder Feldwache einige Reiter beigegeben zur schnellen Ueberbringung von Meldungen, Begleitung von Wagen und Reitern in's Lager u. dergl. Ueber die anderen Dienstzweige gedenke ich später zu berichten.

In allen genannten Zweigen versahen die Reiter ihren Dienst ohne alle ängstliche Strenge, — aber aus angeborner Begabung, Freude am Dienst und Begeisterung für die Sache des Kampfes auf ausgezeichnete Weise, wenn nicht Essen, Trinken und Schlafen sie vorübergehend davon abzogen. Aber auch dann waren sie, sobald es nöthig, augenblicklich wieder im Sattel und flogen blitzschnell nach allen Seiten aus.

Der Dienst bei den Reitern ist neben andern in allen Heeren vorhandenen Gründen namentlich auch wegen der vortrefflichen Bewirthung beliebt, welche sie fast überall auf den Edelhöfen bei ihren Ritten finden, wobei sie wie vornehme Herren behandelt werden, wovon ich selbst mehrere Beispiele mit ansah.

Bei den Parteien im Innern, welche ich sah, war die Reiterei unzweifelhaft die bestbestellte Waffengattung.

Genie.

Das Genie besteht unter dem Namen: Pionniere oder Pontonniere aus einer besonderen Truppe von ungefähr 20—40 Mann bei jeder Partei, unter Befehl eines besonderen Offiziers, selbstverständlich Leute von dazu passenden Berufsarten, deren jeder einige Werkzeuge wie Aexte, Pickel, Schaufel, Säge, Gertel u. dergl. und daneben ein Schießgewehr trägt. Bei den häufigen Uebergängen über Gewässer und Sümpfe an sonst unbenutzten Stellen, Zerstörung bestehender Ueber- und Durchgänge, Bahnung von Wegen durch die Wälder, Errichtung der Lager, spielen sie eine wichtige Rolle. Von einer Verwendung zu eigentlichen Befestigungsarbeiten habe ich nichts bemerkt.

Die Raschheit und der unermüdliche Eifer ohne viele Worte bei ihren Arbeiten ist mir sehr vortheilhaft aufgefallen. Hingegen konnte dabei auf große Genauigkeit kein Anspruch gemacht werden.

Artillerie.

Die Artillerie bestand und besteht wohl noch bei den meisten Parteien bloß aus dem Park für die Handfeuerwaffen, und theilt sich in den Parkdirector oder Verwalter des Schießbedarfs, mit 1—2 bleibenden Gehülfen und den Büchsenschmied mit ebenso viel Gesellen, beide unter Oberaufsicht des Waffencapitäns.

War das Gebiet der Handfeuerwaffen von Anbeginn eins der am übelsten bestellten, so war es auch mit diesen zwei Verwaltungszweigen der Fall. — Bei Rucki ward der Schießbedarf in einem einspännigen zweiräderigen Karren, einem Kasten mit dachförmigem Deckel und kleinen Kästchen hinten und vorn, mitgeführt. Ein größerer, ebenfalls zweiräderiger und einspänniger Karren, den ihm die Behörden lieferten, war so schwerfällig und unordentlich gearbeitet, daß er ihn mit den zu mir gesprochenen Worten: „ächt polnisch" zurückschickte. Jedoch auch im Innern jenes gebrauchten Karrens sah es nicht sehr ordentlich aus. Da waren Päcke fertiger Patronen von allen möglichen Größen mit Kugeln und Spitzgeschossen, offenes Pulver in Säcken, offene Geschosse, Papier, Bindfaden, Waage, einzelne Feuerwerkgeräthe, Alles bunt durcheinander, „ächt polnisch." — Während der vollständigsten Ruhe im Lager ruhte auch der Zeugherr und seine Vorräthe, mit Ausnahme der Austheilung von einigem Schießbedarf, wobei es sich ergab, daß er den Scharfschützen unrichtige Patronenpäckchen gegeben hatte, und die übrigen Gewehrträger in den losen Patronen herumwühlten und eine nach der andern oben in ihrem Gewehrlauf als Kaliberring für ihre Dicke prüften. Erst nach zwei Märschen, und als man ganz sicher ein Gefecht erwartete, machte sich der Zeugherr hinter Verfertigung frischer Patronen, zu deren Hülsen die Stäbchen, über welche sie gerollt wurden, im Walde geschnitten wurden &c. Hier war er von der Mannschaft für frischen Schießbedarf gewaltig belagert. — Unter solchen Umständen begriff ich die

Sorgfalt, mit welcher Naczelnik Rucki die Verschwendung von Schießbedarf — also das Gefecht — vermied.

Bei Krysinski wurde der Schießbedarf in einem gewöhnlichen Wagen in Kasten nachgeführt, was mir weit klüger schien, da es dem Feinde weniger auffallen mußte. Hier schien auch die Mannschaft besser mit Schießbedarf versehen zu sein, obgleich selbstverständlich das stückweise Versuchen und Auswählen der Patronen auch hier beim größeren Theil der Mannschaft geboten war, wie sich aus früher Gesagtem über die Bewaffnung ergibt.

Bei den Büchsenschmied-Werkstätten ging es ebenfalls etwas polnisch zu. Es wurden z. B. einige Baumstämme auf ungefähr 2½ Fuß vom Boden wagrecht abgeschnitten, daran Schraubstöcke angeschlagen, und nach einer Gewitternacht die Schüsse der gezogenen Gewehre so herausgenommen, daß die Schwanzschrauben herausgewunden, das Pulver ausgeschüttet und dann das Geschoß von hinten nach vorn, also durch die ganze Länge der Züge, mit einem Eisenstab, der von hinten angesetzt wurde, und Hammerschlägen hinausgetrieben wurde, bis ich darauf aufmerksam machte, daß der umgekehrte Weg weniger schädlich sein möchte, — anderer Mißhandlungen nicht zu gedenken. Hingegen gebührt die Ehre einer kleinen Erfindung dem Herrn Waffencapitän Kuszma, nämlich für das Reinigen der Läufe. Es wird etwas Pulver in den Lauf geschüttet, ohne Papier- oder sonstigen Stöpsel, und dann ein Stückchen glühende Kohle durch den Lauf auf dasselbe hinuntergeworfen. Dieß gibt eine langsame, etwa 6—10 Sekunden lang dauernde Flamme, welche allen Rückstand ganz sauber wegnimmt, ein Kunstgriff, welcher bei der Büchsenmacher-Werkstätte vielfach geübt wurde.

Grobes Geschütz war der Gegenstand vielfachen Nachdenkens und Besprechens bei allen, oder doch den meisten Aufständischen. Besonders ließ sich solches Rucki, Schüler des „Artilleriegenerals" par excellence Bem, sehr angelegen sein, und unterredete sich mit mir vielfach über die mir bekannten Einrichtungen. Raketen, wenn man solche gut verfertigt haben könnte, betrachteten wir beide als für den Parteigängerkrieg durchaus passend. Ich rieth ihm auch, für den Fall, daß man Geschützrohre mitführen wollte, zu unseren Gebirgshaubitzen, besonders wenn sie gezogen wären, und er war entschieden für ihre Einführung, und sprach mich dafür um meine Dienste an. Später theilte er mir, als ich von Krysinski wieder zu ihm zurückkam, mit: er werde nun Geschütze bekommen und habe Jemand mit deren Abholung beauftragt und sehr meine Abwesenheit bedauert, weil er sonst mich darum ersucht hätte. Zufällig traf ich auf meiner Heimreise jenen Abgeordneten an und schloß aus seinen Reden, daß Rucki kaum Geschütze bekommen werde, habe seither auch nie vernommen, daß es geschehen sei. Was Langiewicz, Mieroslawski und Andere für das Geschützwesen thaten, ist durch die Blätter bekannt. Mir würden Geschütze im Parteigängerkrieg sehr hemmend vorkommen, Raketen hingegen höchst angemessen.

Fuhrwesen.

Das Fuhrwesen bildet nach übereinstimmendem Urtheil vieler oder fast aller Sachkenner eine der schwächsten Seiten der Einrichtung der Parteien und die Ursache vielfacher Verlegenheiten und Mißgeschicke. Nicht weniger als je 12—15 Wagen befanden sich bei den Parteien Rucki's und Krysinski's von ungefähr 500 Mann! Es waren dieß, mit Ausnahme des Packkarrens, alles landesübliche 2—4spännige vierrädrige Korbwagen, theils zum Gebrauch für Lastfuhren, einzelne auch für Personen (sogenannte Briczken). Mit was Allem diese Wagen beladen waren, habe ich nie vollständig ergründen können. Die einen dienten für Lebensmittel, die andern für Pferdefutter, wieder andere zum Aufladen von Kochkesseln, theilweise fast von der Größe unserer Käsekessel, einer für den Stab, eine Briczka als Fuhrwerk des Arztes und des Feldgeistlichen, deren Geräthe ebenfalls auf einem anderen Wagen seinen Platz finden mußten. Dann erforderten die Theekessel und andere Bequemlichkeiten der Offiziere und ihrer Freunde einige Wagen. Soviel war bei mir gewiß, daß der Mann zu wenig trug, und ich in den Wagen eine bedeutende Menge unnützer Dinge zu bemerken glaubte. In wenig andern Dingen trat mir die Bekanntschaft mit dem asiatischen Nomadenleben so nahe vor die Augen wie in diesem Stück. — Ein Wagenmeister führte bei Krysinski den beständigen Befehl über die Fuhrleute und ein Reiter-Vorgesetzter den über die Wagenbedeckung, wobei ihm für das Fußvolk auch der Arzt behülflich war. Beim Aufstellen der Wagen auf Halt- und Lagerplätzen, Auf- und Abladen 2c., waltete bei Krysinski einige sichtbare Ordnung. Bei Rucki dagegen standen die Wagen oft in den engsten, als Lager dienenden Waldwegen so schauderhaft in die Kreuz und Quer durcheinander, daß ich mir mit gewaltigem Bedenken den Fall des (noch dazu wirklich jeden Augenblick erwarteten) Ueberfalls durch den Feind vergegenwärtigte und es auch aussprach.

Mit Rucki und Andern wurde die Frage, ob das Tragen des Gepäcks durch Pferde oder selbst Menschen nicht zweckmäßiger wäre als die Wagen, oft besprochen und von den meisten bejaht. Indessen haben Wagen den bedeutenden Vorzug, daß die Pferde auch angespannt einige Ruhe genießen können, und also schneller marschbereit sind als Saumthiere, welche zur Ruhe abgeladen und zum Marsch wieder beladen werden müssen, und zwar letzteres mit mehr Umständlichkeit als ein Wagen. Ob nicht für Partelgänger das Tragen fast alles Gepäckes durch die Mannschaft, wovon ein Theil einzig zu diesem Dienst zu verwenden und nur ganz leicht zu bewaffnen wäre, das Beste sei, war eine mehrfach aufgeworfene Frage.

In der Beschaffenheit, wie ich es sah, ist das Fuhr- und Gepäckwesen bei den polnischen Parteien noch zehnmal mehr, als es bei größeren und anders fechtenden Truppentheilen der Fall wäre, ein außerordentliches Impedimentum.

Feldarzt.

Bei jeder der von mir gesehenen Parteien war ein Arzt, und zwar ein gehörig auf hohen Schulen gebildeter und geprüfter. Bei Rucki hatte er zwei eigene Gehülfen. Es waren auch Brancards von Zeug, wie die unseren, ferner ein wundärztliches Besteck, das mir von ganz guter Arbeit schien, Charpie, Compressen ꝛc. vorhanden, und Alles, was ich sonst auf diesem Gebiet sah, überzeugte mich, daß auf diesen Zweig möglichste Sorgfalt verwendet wurde. Die Verwundeten blieben jedoch nicht bei den Parteien, sondern wurden sofort bei Bürgern oder in eigenen Spitälern untergebracht. Bei Krysinski beschäftigte sich der Arzt auch mit dem Dienst der Wagenbedeckung, wozu er freilich genug Gelegenheit hatte.

Feldgeistliche.

Ein Feldgeistlicher war ebenfalls bei jeder Partei vorhanden, unter der Benennung Caplan. Bei Rucki war er häufig beschäftigt mit Messe lesen, Gebeten, Beichte und auch kräftigen Predigten, worin er unter anderem vor Zwistigkeiten und Zänkereien warnte und zu der für des Vaterlandes Befreiung so nöthigen Einigkeit ermahnte. Daneben war er ein guter und herzlicher Kamerad und in häufigem Verkehr mit der Mannschaft, auf welche er, wie mir schien, einen nicht unbedeutenden und guten Einfluß übte. Wer in katholischen Ländern gelebt hatte, konnte im Gottesdienst, wie er hier gehalten wurde, auch als Protestant nichts Uebertriebenes stehen, und — Begeisterung für den Freiheitskampf vorausgesetzt — ganz füglich an Gebet, Predigt und kirchlichem Gesang, mit Uebergehung der auf die Mutter Gottes von Czenstochowa und anderer Heiligen bezüglichen Stellen, Befriedigung finden. Nicht nur alle Lieder, welche beim Gottesdienst gesungen wurden, sondern auch die in eigenen gedruckten Heftchen vertheilten Gebete waren eigens für den Aufstand verfaßt. Rucki selbst hielt große Stücke auf eine vernünftige Belebung des vaterländisch kirchlichen Geistes im Sinne der Glaubensfreiheit, und dichtete seinen Leuten ein Lied nebst Begleitung. — Bei Krysinski sah ich den Feldgeistlichen die Mannschaft zum Gefecht mit Weihwasser besprengen, und später mit eigenhändig herbeikutschirten geistigen Getränken stärken; ein andermal ritt er auf Einholung von Nachrichten aus, brachte sie aber höchst übertrieben und entstellt. Zum Priesterrock trug er die viereckige Polenmütze und zwei große Pistolen im Gürtel.

Befehlshaber der verschiedenen Waffengattungen,

als zugewandte Orte des Stabes, waren vorhanden: für das gesammte Fußvolk, für die Kosynieri, die Gewehrträger, für die gesammte Reiterei, das Genie und die Fuhrleute. Die übrigen kleinen Mannschaftstheile waren zu wenig zahlreich, um die an ihrer Spitze stehenden Männer mit obiger Benennung zu bezeichnen.

Ich gehe nun, nach kurzer Andeutung über die einzelnen Theile des Getriebes einer Partei, zum Gang desselben im Innern und später zu seiner äußeren Thätigkeit gegen den Feind über.

Inneres Leben.

Geist der Mannschaft, Kameradschaft.

Das Leben unter den aufständischen Polen in den Parteien, welche ich sah, kann kaum schön und ergreifend genug gedacht werden. Ueberall wehte ein inniger Hauch der tiefsten Begeisterung für die schöne Sache, um die man kämpfte, und verbreitete neben der Gluth der Tapferkeit und Kampfslust nach außen eine herrliche Wärme des Vertrauens, der Heiterkeit, Fröhlichkeit und guter Kameradschaft nach innen, welche einen äußerst wohlthätigen Eindruck auf den Ankömmling machte. Schon bei den Feldwachen zeigte sich ein für den Ernst der Lage fast allzugemüthliches Leben. Im Lager selbst wurden Namens- und Geburtstagsfeste gefeiert; bei den Kosynieri aus Baumrinden Hirtenpfeifen gemacht und nach diesen oder auch nach Geigen, Tambourins, Flöten und Dudelsack getanzt. — Allabendlich gegen Sonnenuntergang fanden sich aus den Gewehrträgern, Reitern, Offizieren Gruppen in der Nähe des Hauptquartiers zusammen, lagerten sich im Grase und sangen vaterländische Lieder in jenen unaussprechlich wehmüthigen und ergreifenden Weisen, wie sie nur der polnische Freiheitskampf hervorbringen kann. — Bei der Suppe, dem Thee, der Schnapsflasche (welche freilich in Polen als Ersatz von Wein eine weit größere, aber auch weniger schädliche Rolle als bei uns spielt), und in den Zelten herrschte meist ein sehr freundliches Leben. Dieß Alles wurde belebt durch unaufhörliche Besuche der umwohnenden Bevölkerung aller Stände, Alter und Geschlechter, ganz ähnlich wie in unseren Friedens-Uebungslagern. Es ist daher sehr glaubwürdig, was mir versichert wurde, daß dagegen das Leben bei den moskowitischen Truppen, die den Polen gegenüber stehen, äußerst todt, gedrückt und trübe erscheint. In den Lagern der Aufständischen findet der Ausländer stets, und oft unter den Gemeinen, Gelegenheit, sich im Gedankengang vollendeter Bildung über alle Gebiete des Lebens auszusprechen. Er sieht hier ein Volk in Waffen, und zwar ein äußerst begabtes, bildungsfähiges und nach Bildung strebendes Volk.

Mannszucht, Kriegsgerichte.

Die Handhabung der Mannszucht ist unter den gegebenen Umständen eine äußerst schwierige Sache und ist nur dem vollkommen geachteten und seiner Stellung ganz gewachsenen Naczelnik möglich. — Außer der bereits früher erwähnten Entsetzung, Entwaffnung und Nachführung bei der Nachhut, vollzogen an einem sonst sehr beliebten und geachteten Hauptmann, sind mir noch folgende Beispiele bekannt geworden: Einsperrung eines Unteroffiziers (in einem Gemache eines Edelhofs) wegen mangelhafter Vollziehung eines Befehls; Stockprügel an zwei gemeinen Ausreißern, wegen Versuchs in ihre Heimath zu entwischen, Tragen des Gepäcks bei den Uebungen, Verweise. — Ein Kosyniere, welcher seinen Kameraden schon lange als Spion verdächtig war, verwundete auf dem Marsch einen derselben mit der Sense am Bein dergestalt, daß er starb und wurde deßhalb vor Kriegsgericht gestellt. Dieses versammelte sich, zusammengesetzt aus 7 Offizieren, im Freien bei Crucifix und 2 brennenden Lichtern, umringt von einer Schildwachenkette zur Abhaltung Unberufener, also nicht öffentlich, und verhandelte mehrere Stunden. Der Naczelnik erwartete in einer Lagerhütte den Spruch, von dem er voraussah, daß er möglicherweise auf den Tod („die Kugel vor den Kopf") lauten könne, in welchem Fall er ihn ungern bestätigen würde. Er wurde ihm schriftlich mit Unterschrift aller Beisitzer überbracht, und mehrere derselben sprachen sehr lang und ernsthaft mit ihm, bis er die seine auch beisetzte. Wie der Spruch lautete, erfuhr ich nicht und merkte auch nicht das Mindeste von einer Strafvollziehung. Todesurtheile durch Erschießen scheinen nicht ganz selten vorzukommen. Die ernste Befriedigung hatte ich, aus dem ganzen Verlauf zu sehen, daß für eine möglichst sorgfältige Gerechtigkeitspflege nach Kräften und Umständen gesorgt war.

Verpflegung.

Diese bildete eine der Lichtseiten der „Parteien", Dank der Gewohnheit des Polen an eine sehr kräftige und reichliche Kost, der guten Stimmung der Bevölkerung, der Aufmerksamkeit der Behörden und der genügenden Geldmittel derselben. Die Nahrung bestand in frischem Fleisch von mitgeführtem, im Lager geschlachtetem Vieh, Speck, Roggenbrod, mehreren Arten Mehl (unter Anderem von Buchweizen), gesalzener Butter, Branntwein ꝛc. Das Kochgeräth bestand, wie schon gemeldet, in großen Kesseln. Wie und wann die Speisen bereitet wurden, war ganz der betreffenden Mannschaft überlassen. Mir schienen gewöhnlich 2 Mahlzeiten, und zwar die Hauptmahlzeit am Abend warm und gekocht, genossen zu werden. — Die Offiziere hatten abtheilungs- und waffenweise ihre Köche; bei ihrer Küche fehlte es selten an natürlichen und künstlichen, in- und ausländischen Leckerbissen oder besonderen Getränken. —

Die Pferde fanden ihr Grasfutter häufig auf der Weide. An Hartfutter fehlte es nur dann, wenn unmittelbar vorher die Kosaken den Futterwagen weggenommen hatten. In einzelnen Fällen verursachte die Beschaffung von Wasser Schwierigkeiten. Es wurden eigene Brunnen gegraben, mit dichten Laubdächern möglichst vor Sonne geschützt, und durch eigens hierzu aufgestellte Wachen gehütet, versagten aber infolge längeren trockenen Wetters den Dienst und nöthigten zum Verlassen des Lagers.

Besoldung.

Hierüber erfuhr ich nichts Gewisses, und es ist andern Ausländern ebenso gegangen. Nachfragen bei Höhergestellten wurden nicht bloß mit Anbietung, sondern mit Bezahlung ganz hübscher Beträge, für die man bald den Empfang zu bescheinigen hatte, fast als ob er als Besoldung verrechnet würde, — bald wieder nicht, beantwortet. Einzelne Polen hörte ich darüber klagen, daß sie nun seit 2 Monaten „im Lager" seien, ohne einen Kreuzer erhalten zu haben. Andere, die ich über diesen Gegenstand fragte, sagten mir, sie hätten, seit sie zur „Partei" gekommen seien, gar kein Geld nöthig gehabt und auch nie danach gefragt. — Soll ich annehmen, ich sei da, wo ich den Empfang bescheinigen mußte, mit eigentlichem Sold als Oberstlieutenant, als welchen mich der Naczelnik stets behandelte, ausbezahlt worden, so würde der Tag Sold für diesen Rang 11 fl. 40 kr. polnische Währung oder 3 Rubel 50 Kopeken = 14 Franken betragen. Die betreffenden Zahlungen wurden mir von dem „Stabschef" gemacht. Daß an Geld kein Mangel war und man damit recht freigebig umging, wenn sich der Anlaß dazu bot, das zu bemerken hatte ich mehrfache Gelegenheit. Verschiedene Anzeichen lassen mich glauben, daß der Ausländer, der für die Polen handeln will, weit besser bedacht wird als der geborne Pole. — Im März erfolgten in Krakau ganz regelmäßige Soldaustheilungen, in welchen Beträgen, ist mir nicht erinnerlich.

Rapportwesen und innerer Dienst.

Ueber diese Gegenstände waren gehörige Vorschriften eingeführt, und wenn Zeit dazu vorhanden war, so plagten sich die Herren vom Stab, die Offiziere und Unteroffiziere ebenso gewissenhaft, wie bei uns, mit schön geschriebenen Tabellen und dergl., und ich sah manchen jungen Porucznik in langen und gelehrten Erörterungen mit dem Naczelnik oder Szeffstabu über Zuwachs und Abgang, An- und Abwesende 2c. begriffen und am Ende mit seinem vergeblich geschriebenen schönen Blatt Papier, niedergeschlagen über begangene Fehler und mit dem festen Vorsatz, es besser zu machen, in seine Lagerhütte zurückkehren, — ganz wie bei uns!

Die Dienstlehren für die Wachen wurden, wie mir schien, und es auch die Umstände erforderten, ziemlich genau beobachtet. Hingegen das Kochen und auch der Dienst dazu schien ganz Sache der betreffenden Abtheilungen zu sein. Die Fassungen von Lebensmitteln erfolgten mit ziemlicher Genauigkeit. Von einem eigenen Dienst für Reinlichkeit und Ordnung in den Lagerhütten und Lagerplätzen schien keine Rede zu sein. Jeder sorgte in dieser Beziehung für sich allein. Sich selbst wusch der Mann öfter, als ich mir gedacht hätte. Auch das Wechseln der Wäsche geschah nicht allzuselten. Bei Rucki's Partei, d. h. immer im nächstgelegenen Hause, war eine Wäscherin und Näherin. Zu Krysinski kam einmal, während man in Gefechtsbereitschaft auf die Moskowiten wartete, ein ganzer Wagen voll ganz neuer Leibwäsche, Hemden und Unterhosen. Sämmtliche Mannschaft von jedem Rang wechselte auf einmal die Leibwäsche fast Angesichts des Feindes. Die abgezogene wurde auf den Wagen geladen, um gewaschen zu werden und später derselben oder einer anderen Partei zu dienen. Aehnlich ging es bei anderen Anlässen mit Stiefeln und andern mehr oder weniger uniformen Kleidungsstücken zu. Auf Uniformen schien mir von gewissen Seiten zu viel Werth gelegt zu werden, und das darauf verwandte Geld hätte ich besser auf gute Beschaffenheit von Schießwaffen und Schießbedarf verwendet gesehen.

Sehr angemessen schien mir daher die Verfügung der Regierung oder wenigstens der Vorschlag, die Aufständischen sämmtlich in Bauerntracht zu kleiden, worin sie vom Feinde viel weniger erkannt würden. Daß die vermeintliche Wirkung der Uniform, die Leute beisammen zu halten, nicht eintrete, zeigte sich aus dem Ausreißen der uniformirten so gut als der nicht uniformirten Leute nach unglücklichen Gefechten.

Lager und sonstige Unterkunft.

„Er geht in's Lager", „er ist im Lager, (Camp, „obóz") ist der übliche Ausdruck für den Anschluß an eine aufständische Truppe. Den besten Begriff von einem solchen Lager gibt die Erzählung meiner Ankunft bei einem solchen und kurze Zeichnung einiger anderen.

Vom gräflichen Hofe bei Swierze am Bug führte uns (nämlich mich und den Regierungscommissär, der mich begleitete) ein gut bespannter Korbwagen mit Livrée-Bedienten auf mehreren Kreuz- und Querwegen in einen prachtvollen Urwald. Wir waren vielleicht 20 Minuten lang im Wald gefahren, als sich hinter einem dicken Baum zwei Bewaffnete, ein Gewehrträger in Uniform und ein Kosyniere in Hemd und Hosen, zeigten, die uns anhielten. Der letztere ging zur Feldwache zurück und holte einen Offizier in Uniformkappe und Garibaldi-Hemd und mit Säbel, Revolver und ordonnanzmäßiger messingener Signalpfeife (mit 2 verschieden gestimmten und klingenden Mundstücken). Dieser gestattete bald den Eintritt bis zur Feldwache, welche etwa aus 20 Mann, zur Hälfte mit Gewehren, zur Hälfte mit Sensen bewaffnet, bestehen mochte. Die Gewehre waren an eine etwa 2′ vom Boden über die Gabeln gelegte Stange, die Sensen in hohen Pyramiden an Bäume gelehnt. Die Mannschaft lag theilweise entkleidet, sorglos und theilweise sich herumbalgend und lachend am Boden herum. Hier hielten wir abermals, bis der Offizier Meldung in's Hauptquartier gesandt und Antwort erhalten hatte, was wohl eine halbe

Stunde dauerte; dieß geschah durch einen Kosyniere, der uns dann bis dorthin begleitete. In höchstens ferneren 5 Minuten gelangten wir dahin, bei den Lagerplätzen der Reiterei rechts und der Kosynieri links am Wege vorbei. Unter dem herrlichsten Baumsaal auf einer sanften Bodenerhöhung zeigte sich das Tuchzelt oder vielmehr mit First und senkrechten mannshohen Wänden auf 3 Seiten versehene Häuschen des Naczelnik. Auf beiden Seiten seiner offenen oder Ausgangsseite standen ganz neue Fahnen. Diese trugen auf der einen Seite das vereinigte Wappen von Polen (weißer Adler in rothem Feld) und Litthauen (geharnischter, mit dem Schwerte schlagender Reiter in blauem Feld) und die Inschrift: „Lubliner Gebiet", auf der anderen ein zerbrochenes schwarzes Kreuz (zum Andenken an das Brechen der Kreuze durch die Moskowiten bei einem Kirchenfest in den Straßen Warschaus im Herbst 1862), mit einer Dornenkrone und Bibelspruch in polnischer Sprache umgeben. Bei jeder Fahne standen zwei Mann, der eine mit Sense, der andere mit Gewehr (wie bei allen Schildwachen), als Ehrenwache. Ein Mann in Hemd und Hosen als Ordonnanz („Ordynans") lungerte daneben im Gras herum. Unter einem prachtvollen Baum vor dem Hauptquartier war ein hölzerner Tisch mit ringsumgehenden Bänken in nicht ganz bequemen Ausmaßen zusammengezimmert, zu dieser Stunde von einem Kreis gewählt gekleideter und höchst weltgewandt sich bewegender Männer und Frauen bei wohlschmeckenden Erfrischungen umgeben; sie waren zur Feier des Namenstags des Naczelnik in's Lager gekommen. Dieser war nicht unter ihnen. Der Commissär, der mich begleitete, suchte ihn auf, holte mich nach längerer Besprechung zu ihm ab und stellte mich ihm vor. Er sah aus wie ein Gutsbesitzer, der zur Aufsicht über die Arbeiter auf seinem Land herumgeht, in der einfachsten grauen Kleidung. Er hieß mich herzlich willkommen, forderte mich auf, mich bei ihm als zu Hause zu betrachten, und befahl seinem Adjutanten, einem jungen, freundlichen und sanften Blondkopf, der kürzlich aus der

Ecole Centrale von Paris hergekommen war, meine Fürsorge. Unser erster Gang war zu den zu Ehren der Gesellschaft angeordneten Waffenübungen, auf eine einige hundert Schritt entfernte, mitten im Walde gelegene wilde Wiese, zu der ein kaum zu findender Fußsteig führte, und zwar bei einer anderen kleineren Wiese vorbei, auf welcher unter einem herrlichen Baum aus rohen Stämmchen und Zweigen die Capelle gebaut war: der Altar ein roher Tisch, das Kreuz dahinter aus zwei unbehauenen Stammstücken, ein Betstuhl für den Naczelnik auf Fässern und Brettern. In jener Gegend, etwas mehr bei Seite, war auch an einem sumpfigen Bächlein, wo zur Noth etwas Wasser zu schöpfen war, der Platz für das Schlachten des Viehs, von welchem die Ueberreste, an offener Luft verwesend, einen abscheulichen Geruch verbreiteten. Zwischen diesem und dem Hauptquartier war der Platz zur Vertheilung der Lebensmittel, wohin das zerhauene Fleisch gebracht und Brod- und Mehlwagen geführt wurden. Zunächst dem Hauptquartier waren die Pferde des Stabs und der berittenen Offiziere der Fußtruppen, bald an einem wagerecht befestigten Baume zum dürren Futter, bald an langen Stricken zum Weiden angebunden. Ferner befanden sich in nächster Umgebung der Stabswagen, der Pulverkarren, die Lagerhütten der Offiziere des Stabs und der Fußtruppen, die Küche derselben in einer Hütte, die wenigen Lagerhütten des Genie. In einem großen Viereck, und zwar auf jeder Seite für eine der Waffen, waren die Lager der Scharfschützen, der Jäger, diese zwei gegen die vom Feind mehr bedroht geglaubte Seite, der Reiterei und der Kosynieri, um das Hauptquartier herum aufgeschlagen. Die Lagerhütten waren ohne irgend welche gerade Richtung an die geeignetsten Bäume angelehnt und aus Laub zusammengeflochten, im Innern reichlich mit Stroh belegt und mit Decken und Mänteln aller Art ziemlich wohl versehen. Eine gewisse Richtung gaben in den zwei ersten Lagern die zum Anlehnen der Gewehre quer über 2 Gabeln gelegten Bäume. Zum Bedecken der Gewehre dienten die Brancards des Arztes. Bei der Reiterei waren die Pferde in bester Ordnung an zwei Reihen von wagerechten Bäumen gebunden, dahinter über einige ähnlich befestigte Bäume die Sättel gelegt. Daß ein Uebernachten im Freien im Frühling, Sommer und Herbst den Pferden schaden könnte, davon hat der Pole keinen Gedanken. Die Lanzen der Reiter und die Sensen waren pyramidenförmig an Bäume gestellt. Gekocht wurde an beliebigen Plätzen in möglichster Nähe der Hütten, ohne alle Vorrichtung in der Erde, die Kessel einfach an Stangen über Gabeln hängend. Nicht selten waren Bratspieße. Die Brunnen waren gegen des Feindes Seite zu, etwa 10 Minuten vom Waldrande entfernt, gegraben worden und wurden sorgfältig bewacht.

Die Truppe, bei welcher die bestimmteste Ordnung bezüglich verschiedener Verrichtungen und der Zeit dazu herrschte, war Reiterei, bei welcher der gesammte Stalldienst mit Füttern, Tränken, Satteln und Absatteln, auch Putzen und Mustern der Pferde ziemlich ordentlich von der ganzen Truppe oder bestimmten Abtheilungen auf einmal versehen wurde. Eines Tages erschien ein höherer Intendantur- (Kriegscommissariats-) Beamter, welchem alle Pferde zur Musterung, nackt und abgesessen, vorgeführt wurden.

Im Errichten solcher Waldlager hatte das Genie und auch die übrigen Truppen große Fertigkeit. In einer viertel bis halben Stunde waren die nöthigsten Vorrichtungen für Küche, Waffen, Pferde und die Hütten vorläufig hergestellt. Bei Regenwetter wurden letztere dichter mit laubreichen Aesten belegt.

Auf Höfen, sogenannten Edelhöfen (dwór) oder dazu gehörigen Vorwerken (folwark) wurde nicht selten gelagert, d. h. nach unserer Anschauungsweise enge Cantonnements bezogen. Die Einrichtung der polnischen Güterhöfe eignet sich dazu ganz besonders. Sie bilden nämlich ein großes Viereck, auf drei Seiten von den Scheunen und Ställen umgeben. Diese bestehen in nichts als großen Holzschuppen mit Dach und vier Wänden, mit wenigen Thüren und sonstigen Oeffnungen gegen außen, den meisten gegen den Hof gerichtet.

Gegenüber der vierten Seite des letzteren, mehr oder minder davon entfernt, ist das Wohngebäude. Die Unterbringung einer ganzen Partei in einem solchen Hof war eine einfache Sache. Die Reiterei wurde in die meist für Heerden von 50—100 Stück Pferden eingerichteten oder wenigstens berechneten (denn große Einrichtungen waren da selten vorhanden) Ställe, die Mannschaft in die Scheunen und Tennen verlegt, das Hauptquartier in's Wohngebäude, die Wagen (furgoni) mitten im Hof aufgestellt, die Küchen beim Ziehbrunnen errichtet. Bei ganz schöner Witterung, und wenn man sich vor dem Feinde nicht verbergen wollte, wurde auch im Freien mit und ohne Feuer in der Nähe der Höfe die Nacht zugebracht.

So waren ungefähr die länger, d. h. einige Tage dauernden Lager beschaffen, kaum den Namen Standlager verdienend.

Die eigentlichen Marschlager boten alle möglichen Abstufungen dar zwischen jenen und einem einfachen Halt auf dem Marsch, wo Jeder sich zu Boden legte, wo er eben stand.

Am häufigsten machte sich die Sache so, daß man in der Mitte der Nacht in einem Walde den Befehl zum Halten erhielt, jeder Truppe eine Stelle ganz nahe am Wege angewiesen wurde, die Fuhrwerke etwa (namentlich bei Krysinski) auf einige Entfernung vom Feinde weg aufgestellt wurden, und je nach Umständen entweder bei diesen oder den Truppen gekocht oder auch nicht gekocht, Feuer gemacht oder nicht gemacht wurde.

Auch kam es vor, daß man auf einem Hofe Halt machte, die Waffen längs der Umzäunung aufstellte, daneben lagerte, die Suppe kochte, auf den Ruf: „der Feind komme", sie blitzschnell ausleerte und die Kessel mit den festen Speisen auflud, wenn er aber nicht kam, wieder zu kochen begann, und nach genossener Suppe wieder weiter zog.

Auf eins war der Pole dabei stets bedacht (mochte er daneben auch noch so sorglos verfahren), nämlich auf möglichste Gefechtsbereitschaft seiner Waffen.

Dagegen begegnete es mir mehrmals, namentlich

bei Marschlagern oder Beiwachten, daß ich stundenlang als der einzige wache Mensch unter den sämmtlich (mit Inbegriff der Schildwache zur Hut des Naczelnik) schlafenden Leuten einer Partei herumgehen und z. B. ihre Feuer unterhalten konnte.

Uebungen und Unterricht

werden weit fleißiger betrieben, als man sich im Ausland vorstellt. Daß es darin so weit gebracht ist, um den Besuchern der Lager und den Beamten der Regierung solche zur Schau zu stellen, sowie Einiges über die Uebungen der einzelnen Waffen ist schon erwähnt.

Als Uebungsplätze dienen Waldwiesen oder die Auger (Gemeindeweiden) benachbarter Dörfer. Wenn vom Feinde nichts gefürchtet wird, nicht marschirt wird, keine hohen Feiertagen hindern, oder das Wetter nicht davon abhält, so werden einige Stunden früh Morgens und wieder einige gegen Abend den Uebungen gewidmet; wenn alle Waffengattungen dabei vertreten sind, so geht es auf dem Uebungsplatz recht lebhaft zu, und nicht selten werden, nachdem jede Waffe für sich gedrillt worden, solche zu gemeinsamen Uebungen wie zum Gefecht im freien Felde vereinigt; die Schützen leiten dasselbe ein, die Jäger unterhalten es, die Reiter tummeln sich auf den Flügeln und die Kosyniere entscheiden durch ihren Angriff. Ich erwähne hier der Ansicht eines amerikanischen Oberst, gewesenen Hauptmann im Aufstand von 1830/31, geborner Pole, von welcher er sagt, daß er sie bei jenem Aufstand bewährt gefunden, und welche an etwas Aehnliches erinnert, von welchem F.-M.-L. Hotze seinem Freund Oberst Escher von Zürich schrieb: „Probatum est“. (Hotze's Leben von Stadtrath W. Meier in Zürich.) Jener Oberst, den ich in Lemberg kennen lernte, dessen Name mir aber verschwiegen blieb, will nämlich auch hinter den Kosynieri Schützen aufstellen, mit dem bestimmten Befehl, wenn solche fliehen, sie niederzuschießen. Dann, sagt er, weiß und fühlt Jeder, daß er, wenn er vorgeht, bloß des Feindes, wenn er aber flieht, des Feindes und der eigenen Leute Feuer auszuhalten hat, also die

Gefahr im Falle der Flucht doppelt so groß ist als beim Angriff. Dieß Gefühl wirke weit mehr, als man glauben sollte, ganz unbewußt, und eine so gestellte Truppe werde sich sicher gut schlagen. Sowie sie einmal gefechtsgewohnt sei, könne jene Aufstellung in ihrem Rücken unterbleiben. Auch mehr wissenschaftlicher Unterricht ist den Aufständischen durchaus nicht fremd. Mir wurde die Ehre zu Theil, um Ertheilung von solchem angesprochen zu werden.

Auch außerhalb der Parteien in den Städten, Dörfern, Edelhöfen des Innern von Congreßpolen und in Posen und Galizien finden vielfache Waffenübungen statt und sind eigene Offiziere mit deren Leitung beauftragt, welche nicht in's Feld rücken.

Urlaub und Entlassung

ertheilt der Naczelnik mit fast denselben Förmlichkeiten wie bei uns.

Thätigkeit nach außen.

Gegenüberstehende Truppen.

Bei der Eigenthümlichkeit der obwaltenden Verhältnisse kommen nicht bloß die Russen als eigentliche Feinde, sondern auch die Preußen und Oesterreicher in Betracht.

Die russischen Truppen

sind von Hause aus vorzüglich gut bewaffnet, gut gekleidet, hinlänglich genährt und erträglich geübt. Dennoch sind sie den in allen diesen Stücken, vielleicht mit Ausnahme der Nahrung, weit hinter ihnen zurückstehenden Polen im Ganzen durchaus keine furchtbaren Feinde. Vorerst sind die russischen Truppen in ihrem ganzen Triebwerk äußerst schwerfällig, unbeholfen und entbehren aller selbstständigen Thätigkeit der einzelnen Glieder. Jeder thut eben, was ihm befohlen ist, nicht mehr und nicht minder. Dieß wird einem auf der Stelle deutlich, wenn man sie im Gefecht sieht, wo von einer freien Bewegung z. B. auch des einzelnen Plänklers keine Rede ist. Dieser steht und geht einfach an seinen vorgeschriebenen Platz und feuert seine Schüsse ab; damit ist seine Pflicht gethan. Man fühlt ein gleichsam lebloses Wesen sich gegenüber, welches durch nichts schaden kann als durch überlegenen Druck, ein Stück eines thönernen oder bleiernen Riesen. — Die Langsamkeit und Schwerfälligkeit der Bewegungen der Russen ist bei dem Polen so bekannt, daß er über den Gedanken an die Möglichkeit von Raschheit in ihren Märschen und sonstigen Unternehmungen lacht. Dem Kosaken ist freilich eine gewisse Schnelligkeit der Bewegung vorgeschrieben und auch noch (wenn auch weit weniger als vor 50 Jahren) eigen, jedoch nur in ganz bestimmten Schranken, und daneben ist er im Gefecht so feig, daß ihn der bewaffnete Pole gänzlich verachtet. Es wurde mir ein Fall erzählt, wo ein einziger, freilich „wie der Teufel verwegener" polnischer Reiter 25 Kosaken in die Flucht gejagt, 4—6 davon erlegt und 3 oder 4 gefangen zurückgebracht habe. Ich habe selbst gesehen, wie wenige Mann und einzelne von ihnen gethane Schüsse, oder auch nur ihr ruhiger Vormarsch bedeutend überlegene Kosaken zum Stehen und Weichen brachten. Der Kosak taugt nur zum Kundschafterdienst, Beutemachen und Verübung von Grausamkeiten. — Für die beste russische Truppe gilt bei den Polen die der Dragoner. An geistiger Befähigung und Hülfsmitteln sind die Russen äußerst arm. Es scheint ihnen namentlich ganz an der Kenntniß des Landes zu fehlen. So z. B. suchten sie in der Gegend von Swierze, am Bug, mehrere Tage lang einen Edelhof, von welchem sie vernommen hatten, daß dort für den Aufstand eifrig gearbeitet werde, ohne ihn finden zu können. — Die fähigsten ihrer Offiziere sollen deutscher Abstammung, Lief- und Kurländer sein und sich deßhalb bei allen ihren Truppen häufig finden.

Zu dieser fast angeborenen, oder wenigstens angewöhnten Unbeholfenheit und Leblosigkeit kommt dann der zerstörende Einfluß der geistigen Triebfedern des Aufstandes, vorerst von Seiten mancher polnischen oder polenfreundlichen Offiziere im russischen Dienste, welche jede Gelegenheit ergreifen, um die Thätigkeit ihrer

Truppen unbemerkt zu hemmen oder gar überzulaufen; dann von Seiten der polnischen Bevölkerung, mit welchen sie vielfach in Berührung kommen, und welche offen und insgeheim in der vertraulichen Sprache der slavischen Stämme sie als ihre „Brüderchen" vom Tödten der „Mitbrüder" abmahnt, und ihnen in schönen Farben die Vorzüge des Friedens vormalt, wozu es keiner großen Ueberredungsgabe bedarf. Denn ein fernerer lähmender Umstand für den Eifer der moskowitischen Truppen sind die bedeutenden Strapazen des Krieges, welchen sie führen, ohne ihrend welche entsprechende Erfolge. Ein Pole fiel mit mehreren seiner Kameraden den Russen in die Hände, deren Erstes war, ihren Gefangenen ihr Schuhwerk abzuziehen und gegen die eigene zerlumpte Beschuhung zu vertauschen. Dabei bemerkten die Polen an allen ihren Gegnern ganz außerordentlich magere Beine und fragten sie, „woher das komme?" „Von dem vielen Marschiren bei schlechter Kost, zu dem man uns in diesem Kriege zwingt!" war die Antwort. Bei einigem Nachrechnen wird man wirklich finden, daß die moskowitischen Truppen 4—6 mal mehr Weg zurücklegen als die Aufständischen. — Die Russen finden die polnischen Dörfer und Edelhöfe verlassen und können aus dem Lande selbst nur mit großer Mühe und Gewalt Lebensmittel ziehen, während die Polen überall bestens empfangen sind und im Lager im Ueberfluß von allen Seiten genährt werden. Die Russen endlich, welche in die Gefangenschaft der Polen gefallen, werden absichtlich und grundsätzlich vortrefflich genährt, besoldet und sonst behandelt, bis sie sich erholt haben, und dann völlig frei gelassen. Sehr viele bleiben bei den Polen. Die Uebrigen werden keine große Kampflust gegen sie mit davon tragen. Kurz, den Russen stehen alle Schwierigkeiten eines Krieges in erobertem und mißhandeltem Lande entgegen, etwa oder noch mehr als den Franzosen in Spanien, in einer Weise, welche einem erst recht deutlich und fühlbar wird, wenn man die Sache mit eigenen Augen sieht, und überdieß stehen sie an geistiger und kriegerischer Begabung ihren Gegnern weit nach. Nur Uebermacht und unmenschliche Gewaltthat — Vernichtung — kann ihnen den Sieg über die Polen verschaffen.

Die Preußen.

Diese schulgerechten Truppen erfüllen ihre Aufgabe strenger Grenzwache mit gliederpuppenartiger Genauigkeit. Längs der Grenze auf wenige 100 Schritt derselben und je einige hundert Schritt von einander entfernt, genau an denjenigen Stellen, welche in den Lehrbüchern empfohlen sind, stehen ihre Schildwachen in vorschriftsmäßigster Haltung, wie ich sie selbst auf der 3 Stunden langen Strecke von Luisenfelde bis Grabia eine an der andern sah. Dessenungeachtet fand ich meinen Weg ganz leicht von congreßpolnischem auf preußischen Boden, ungeachtet Anrufens durch dieselben, und obschon ich keine Ausweisschriften auf mir trug und auf das Anrufen Bescheid und Antwort gab. Auch das bewaffnete Ueberschreiten der Grenze hin und her durch diese Kette hindurch hätte mir keine große Sorge gemacht, und ich begreife, ungeachtet dieser mir unerwarteten Schärfe der Grenzbewachung, daß bei genauer Kunde von Land und Leuten ganze wohlbestellte und wohlbewaffnete Truppen die Grenze überschreiten. Die preußischen Truppen sprechen übrigens von den Polen, die sie festnehmen, wie von Kriegsgefangenen, von ihren Waffen und sonstigen Sachen wie von Beute, und behandeln beide mit großer, ächt preußischer, d. h. höchst verletzender Rücksichtslosigkeit, Anmaßung und Strenge, was nicht wenig dazu beiträgt, daß sich die Polen längs ihrer Grenze weit besser schlagen als längs der galizischen, aus ähnlichem Grunde wie der, warum sie sich im Innern am besten schlagen. Am ärgsten ist's, den Russen, weniger arg den Preußen, am erträglichsten den Oesterreichern in die Hände zu fallen.

Die Oesterreicher

üben die Grenzwache auf weit gemüthlichere Art als die Preußen. Ich schweige hier von den bürgerlichen, namentlich den Polizeibehörden, deren Verfahren aus einem merkwürdigen Gemisch von Treulosigkeit, Hinterlist, Lüge und Nachsicht besteht, über welches sich zu verwundern, zu entrüsten und zu empören ich nicht der einzige Ausländer war, der dazu Veranlassung fand. Vielmehr waren alle Belgier, Deutsche, Franzosen darin mit mir einverstanden. — Ihre Thätigkeit streift jedoch nur sehr wenig an das Gebiet des Krieges an. Ich spreche hier bloß vom Heere.

„Ich mag den Polen ihre Freiheit gar wohl gönnen. Aber die mir ertheilten Befehle —" diese Worte des Feldmarschallieutenants Bamberg, Höchstcommandirenden in Westgalizien und Krakau, zu mir gesprochen, sind der Ausdruck des Verhaltens der österreichischen Truppen im Allgemeinen. Dieselben thun ganz strenge nur das, was ihnen befohlen wird, gegen den Aufstand zu thun. So kommt es denn, daß sie nichts davon sahen, wenn ganze Wagenzüge am hellen Tage aus Krakau dem Lager der Aufständischen unter Langiewicz im nahen Gaszcza Vorräthe aller Art an Lebensmitteln und Stiefeln und Kleidern brachten. Es lag nichts vor, was diese Bestimmung „anzeigte." — Oesterreichische Rittmeister, welche nahe an der Grenze liegen, haben strengen Befehl, gegen übergehende Aufständische zu streifen zu bestimmten Tagen und Stunden, aber es ist ihnen nicht verboten, ihren polnischen Quartiergebern und sonstigen Freunden diese Zeiten und den Gang der Streifwachen anzuzeigen. Auch ist ihnen nicht verboten, Waffen und Schießbedarf in ihren Quartieren aufzubewahren und guten Freunden davon zu geben. Es wird daher den guten Freunden angezeigt: „Mein Lieber, um die und die Stunde werde ich so und so viel Mann da und da hin auf Patrouille gegen die Aufständischen schicken", wenn diese zurück ist, wird es dem Freunde wieder mitgetheilt, und wenn er und ein Dutzend andere gute Freunde von ihm dann Waffen und Schießbedarf erbitten, ihnen solche mit größtem Vergnügen verabreicht. In meinem letzten Quartier vor meinem Uebergang über die Grenze war ein österreichischer Offizier zur Ueberwachung einquartirt, und zwei Mann vor dem Hofthor zum gleichen Zweck aufgestellt. Dieß hinderte nicht, daß ich mehrere Tage

Arm an Arm neben ihm zu Tische saß, ein Dutzend gute Freunde des Sohnes des Hauses — alles junge Leute, einer verwundet — als „Gäste" da waren, ein Spital für verwundete Landsleute in einem Nebengebäude eingerichtet war, und der Sohn des Hauses, mit dem Offizier auf „Du" lebend, ihm von seinem Dienst als polnischer Offizier, Gefechten, die er mitgemacht, erzählte und Skizzen davon vorwies; daß die Frau vom Hause einem „auf Besuch" kommenden Beamten sagte, sie werde, wenn es ihr gefalle, in seiner Gegenwart Aufständischen über die Grenze verhelfen, — und mir am Tage nachher wirklich über die Grenze verholfen wurde. An der Grenze liegen in den Dörfern einzelne Abtheilungen unter Unteroffizieren. Ich wartete in einem solchen meine Abholung ab, kaum einige hundert Schritte vom Grenzpfahl. Die österreichischen Soldaten schlenderten im Quartieranzug im Dörfchen herum, ohne mir die geringste Beachtung zu schenken. Schildwachen sind keine aufgestellt, wohl aber werden Streifwachen entsandt. Ich begegnete einer solchen, 3 Mann stark im Grase liegend. Wir hielten in ihrer unmittelbaren Nähe an, und tranken aus dem nahen Hause ein Glas Bier. Sie kümmerte sich nicht um uns. Waffen trug ich freilich nicht.

Bei den Rückzügen aus Congreßpolen nach Galizien werden die Polen auf die artigste Weise von der Welt von den Oesterreichern angehalten, entwaffnet, gefangen genommen und abgeführt, was selbstverständlich weit angenehmer ist, als den Russen in die Hände zu fallen. Daher denn auch diese Rückzüge so allgemein üblich geworden sind, wohlgemerkt auf österreichischen Boden!

Auch die österreichischen Offiziere in Josephstadt schienen ihrem Gefangenen Langiewicz sehr gewogen und leisteten mir allen möglichen Vorschub, soweit es immer die bestehenden Vorschriften gestatteten, damit meinen Wünschen, mit ihm in möglichst nahen Verkehr zu treten, willfahrt werde.

Ich schließe mit einem Zuge, welcher wenn auch vielleicht erfunden, doch allzubezeichnend ist, um ihn zu verschweigen. „Einem vornehmen Polen zeigte der höchste leitende Beamte oder Offizier der großartigen Zeughäuser in Wien die darin enthaltenen Vorräthe an Waffen. Dabei befand sich auch eine besondere Abtheilung von Gewehren offenbar zu einem bestimmten, doch nicht zu erkennenden Zwecke vorbereitet. Der Pole fragte nach ihrer Bestimmung. „„Ich hoffe solche bald Euch geben zu können!““ lautete die Antwort.“ Ob damit die Bestimmung eines österreichischen Kalibers für die polnischen Gewehre durch die polnische Regierung zusammenhängt?

Das österreichische Heer theilt mit den Polen den Haß gegen die Moskowiten. Es würde daher gern für Polen zu Felde ziehen.

Versammlung, Grenzübergänge, Reisen „in's Lager“.

Diese Gegenstände gehören neben der Bewaffnung zu den allerschwierigsten, aber auch bisher, wenigstens im Ausland, am mindesten gut eingerichteten Seiten der Kriegführung, und eben darum zu denjenigen, welche den Geist des Einzelnen weitaus mehr in Anspruch nehmen, als die Theilnahme an den Gefechten und allen Beschwerden im Innern der Parteien. Diejenigen Leute, welchen es gelang, ungeachtet aller vorhandenen Hindernisse bis zu einer Truppe im Innern des Landes zu gelangen, bilden denn auch deßhalb die besten Bestandtheile derselben.

Im fernen Ausland erhält der Polenfreund, welcher sich zum Anschluß an den Aufstand bei geeigneter Stelle meldet, meist Reisegeld und etwa noch Ausweisschriften. Von diesen Leuten sehen wohl ³/₄ niemals ein Stück Boden, auf welchem polnisch gesprochen wird; sie bleiben aus Liederlichkeit, Unbeholfenheit, Mangel an Thatkraft, oder aus Absicht außerhalb dieses Gebiets freiwillig und unfreiwillig. In München läßt sich dieß an der rechten Quelle genugsam beobachten.

Die wenigen, welche nach Krakau, Lemberg, Posen oder sonst einem Ort auf polnisch sprechendem Boden außerhalb Congreßpolens kommen, werden — sei es durch Vermittlung der gehörig eingerichteten Quartierämter, sei es aus einfachem guten Willen — in sichere Quartiere gebracht, und dort vortrefflich, meist Wochen, oft Monate lang verpflegt; ebenso die dorthin vom Schicksal gebrachten nicht einheimischen Polen. Die meisten warten hier ihre Eintheilung und ihren Marschbefehl ab. Im März wurde ihnen auch Sold ausgetheilt, wenigstens in Krakau (und zwar fast öffentlich: nämlich unter Verlesen der Verzeichnisse Mann für Mann unter den Thorwegen der Gasthöfe). — Der Marschbefehl bescheidet sie endlich zur bestimmten Stunde auf irgend eine abgelegene Stelle nahe der Grenze. Nach der langen Unthätigkeit in den Quartieren ist dieß eine willkommene Nachricht. Vereinzelt findet man sich auf befohlener Stelle ein. Dort finden sich in irgend einem sicheren Versteck, im Walde vergraben, oder im Quartier eines österreichischen Offiziers oder einem Edelhofe — doch weitaus am häufigsten in erstgenannter Weise — die Waffen vor, bei deren Austheilung entweder durch wirkliche Eile oder bloße Hast, oft auch Abwesenheit oder Lässigkeit höherer Führer es so zugeht, daß auch die Gewehre, die bloß ein Kaliber unter sich haben, so gut wie die von vereinzeltem Kaliber, nicht etwa bei einem Truppentheil vereint bleiben, sondern unter Alle ohne Unterschied, nach Zufall vertheilt werden. So unordentlich bewaffnet werden die sich zum erstenmal gegenseitig sehenden Leute unter zum erstenmal gesehenen Führern sofort über die Grenze und oft schon am ersten Tag gegen den — benachrichtigten — Feind geführt. Ob unter diesen Umständen, und den freundlichen Oesterreichern hinter nächstem Grenzpfahl, die höchstmögliche kriegerische Erhebung möglich ist, mag leicht zu beurtheilen sein. Es zeugt schon sehr für den Geist dieser so versammelten und in's Gefecht geführten Truppen, daß sie sich noch so gut schlagen, wie es in den meisten Fällen geschieht.

Wer von diesen Einquartirten nächst der Grenze etwas selbstständigere Absichten hegt und zu den Parteien im Innern gehen will, der findet mit gehöriger Umsicht schon Mittel und Wege, um sich der Grenze bis zu unmittelbarer Berührung zu nähern und im rechten Augenblick, ungesehen von Oesterreichern, Preußen und Moskowiten zu überschreiten, bald zu Fuß, bald zu Wagen, bald mit polnischer Frauenpost, bald mit russischer Extrapost, bei Tag und bei Nacht, allein oder zu Zweien bis Dreien, kurz in einer Anzahl von verschiedenen Arten und Weisen, welche ein sehr belehrendes Gesammtbild geben, hier aber zu weitläufig wären. Ich überschritt die Grenze gegen Abend, auf einem Heuwagen im vollen Trab durch das dichteste Gebüsch eines Laubwaldes fahrend. Beim nächsten Vorwerk verwandelte sich der Heuwagen in eine Briczka (Reise-Korbwagen), die mich zu einem Edelhof führte, and so ging es von Edelhof zu Edelhof die ganze Nacht und ein gut Stück des folgenden Morgens (6 mal wurde der Wagen gewechselt). Der Treue und Vorsicht der polnischen Bauern, welche meine Fuhrleute waren und häufig anhielten, um Hufschlag und Geleise der Straße zu besichtigen oder sich von Hügeln nach etwa sichtbaren Moskowiten umzusehen, hatte ich das glückliche Erreichen eines Edelhofes zu verdanken, wo sich ein wohlunterrichteter Commissär einfand, der mich dann ebenfalls mit Regierungs-(National- oder Edelmanns-)Post, d. h. von Edelhof zu Edelhof bis in's Lager Rucki's führte. Meinen Empfang dort habe ich schon erzählt. Während meines Aufenthalts bei ihm kamen fast täglich eine Anzahl, häufig fünf, bisweilen 12 Mann Zuzügler aller Stände, Berufe und Abstammung an. Gewöhnlich wurden sie ihm Nachmittags vorgestellt: der feinste, von Kopf bis zu Fuß, Mann und Pferd, auf eigene Kosten bewaffnete, bekleidete, ausgerüstete Weltmann neben dem halbwilden Bauern, der nichts sein hieß als den verwetterten Strohhut, Hemd und Hosen. — Dort wurde einer nach dem andern kurz geprüft, ein Gewehr ihm in die Hand gegeben, um zu sehen, wie er ziele und anschlage, und dann demgemäß die Eintheilung unter Reiter, Jäger, Sensenmänner vorgenommen. So wachsen die Parteien im Innern allmählig aus meist schon durch die Reise tüchtig geprüften Leuten heran. Ihr Geist muß fast nothwendig bedeutend besser sein als bei den außer der Grenze versammelten Truppen.

Feldbienst.

Wachtdienst.

Bei der Vorzüglichkeit des Nachrichtenwesens von Seiten der unbewaffneten, nicht den Parteien einverleibten, dazu bestellten oder in einzelnen Fällen von sich aus handelnden Bewohner, von welchen ich später sprechen werde, war der Wachtdienst auf fast nichts beschränkt; in solchem Maße, daß ich oft mein Erstaunen darüber mit einigem Kopfschütteln aussprach. Die gewöhnliche Antwort darauf war: „Sie wissen nicht, wie gut wir mit Nachrichten über den Feind bedient sind, und wie langsam und schwerfällig er sich bewegt.“ Im Innern des Lagers ist nachholend zu erwähnen, daß von Wachtdienst höchstens 2 Schildwachen (welche aber nicht von einer eigentlichen Wache ausgestellt wurden, sondern von Zeit zu Zeit aus der Gesammtmannschaft abgelöst wurden) und eine Ordonnanz beim Naczelnik bestand.

Feldwachen wurden höchstens 3, jede von etwa 20 bis 40 Mann, halb und halb Gewehr- und Sensenträger mit 2 Reitern auf 400 - 600 Schritte vom „Lager“ (im weitesten Sinn des Worts) vorgeschoben, und diese stellten jede höchstens 3 — 4 Doppelschildwachen, und zwar bloß auf den heranführenden Wegen und bei deren Vereinigung Zwischen-Schildwachen aus, ebenfalls halb und halb zusammengesetzt. Dabei wurde jedoch eine bedeutende Entfernung von der Feldwache zugelassen, so daß von gegenseitigem Sichsehen keine Rede war. Dieselbe mochte oft bis 800 Schritte betragen. Der Wahl eines geeigneten Aufstellungsortes für diese Schildwachen, so daß sie die Wege und sonstige Umgegend wohl übersehen konnten, ohne selbst gesehen zu sein, wurde besondere Aufmerksamkeit geschenkt. Der Gewehrträger wurde vorzugsweise etwas mehr feindwärts gestellt. Jedem der 2 Mann wurde ein besonderer Theil des Gesichtskreises zur Beobachtung zugewiesen. Im Fall von Meldungen u. dergl. blieb der Gewehrträger stehen, und der Sensenmann ging zurück zum Zwischenposten oder der Feldwache und richtete das Nöthige aus. Diese Doppel-Schildwachen gefielen mir gut. Die Leute fühlten sich viel sicherer als allein. Sie waren auch viel wachsamer, hielten sich gegenseitig in Ordnung, prüften gegenseitig ihre Beobachtungen. Dabei war kein Zurufen nöthig, sondern es ging Alles ziemlich still und lautlos zu. Die den Feldwachen zugetheilten Reiter dienten zu schnellem Ueberbringen von Meldungen in's Lager, Begleitung reitender oder fahrender Ankömmlinge u. dergl.

Streifwachen wurden meist nur auf bestimmte Angaben über sich zeigende verdächtige Erscheinungen und dann fast immer Reiter und meist in etwas stärkerer Zahl, bis zu 12 Mann entsendet, also selbstverständlich aus dem Lager selbst, nicht von den Feldwachen oder „Piquets“, wie sie genannt wurden.

Märsche

sind nach meiner Beobachtung von denjenigen Dingen, welche die im gegenwärtigen Kriege gebildeten Parteigänger am besten ausführen, ja vielleicht vom Besten noch das Allerbeste.

Die Marschordnung ist zwar höchst einfach. Die Wagen bilden die Mitte des Zugs mit einer schwachen Bedeckung von Gewehrträgern, etwa 1 Mann auf den Wagen, und bisweilen einigen Reitern. Vorn und hinten an die Wagen schließen sich die Sensenmänner, und vorn und hinten an diese die Gewehrträger an. Die Vor- und Nachhut wird fast immer von Reitern gebildet, und eine andere, meist die stärkste Abtheilung Reiter umschwärmt den Zug bald geschlossen, bald aufgelöst, bald nah, bald fern, da, wo es am nöthigsten scheint. Es versteht sich, daß auch die Stärke der Gewehrträger-Abtheilungen, die Eintheilung der Scharfschützen oder aber der Jäger ꝛc. hauptsächlich davon abhängt, von wo der Feind zuerst kommen kann.

Tags wird marschirt, wenn man vom Feinde gar nichts zu befürchten hat, oder wenn man sich ihm zeigen will, und dann geschieht es auf offener Straße und mit fröhlichen Halten in Dörfern und Edelhöfen oder Durchmarsch durch solche mit Gesang und in stolzer Ordnung.

Oft ist man aber auch gezwungen, Tags einen verborgenen Marsch auszuführen.

Ob nur Nachts, oder vom sinkenden Tag in die Nacht hinein, oder von der Nacht in den Morgen hinein marschirt werde, hängt von Umständen und dem Zwecke des Marsches ab.

In Gebrauch und neuer Erfindung von Mitteln, um die Spuren des Marsches zu vertilgen, oder den Feind darüber zu täuschen, sind die Polen sehr gewandt. Sandige oder kothige Straßen, welche man kreuzt, werden vom ganzen Zuge oder der Hälfte davon rückwärts schreitend überschritten; oder der Zug theilt sich bei Kreuzwegen nach verschiedenen Richtungen, um sich auf Wegen, welche weniger Spuren zeigen, wiederzufinden. Oder nachdem an gewissen Stellen der Zug vorbei ist, werden Bauernwagen in ganz abweichender Richtung über den Weg geführt ꝛc. Auf größte Stille, besonders Nachts, wird sehr viel gehalten. Am deutlichsten werden diese Märsche durch einige Beispiele werden.

Krysinski's Marsch von Bukowa wielka auf die Straße von Wlodawa.

In Bukowa wielka hatten sich die Parteien von Krysinski und Rucki getroffen, letztere zur Hülfe gegen eine überlegene feindliche Abtheilung, welche von Swierze über Rudka vorgegangen zu sein scheint, herbeigerufen. Dieselbe zog aber schon nach einer Viertelstunde bei einbrechender Nacht wieder ab, vielleicht weil sie die Umstände zu wenig günstig für ein Gefecht fand. Krysinski blieb in Bukowa wielka für die Nacht, erhielt jedoch während derselben fernere Nachrichten über die Stärke des anrückenden Feindes, welche auch ihn bewegen, sich demselben zu entziehen, und zwar dießmal durch einen ganz geraden Marsch durch langen Wald (in welchem daher der Feind sehr vorsichtig und langsam folgen mußte, um nicht Gefahr zu laufen, in Hinterhalt zu gerathen) auf einem Nebenwege, der mit möglichster Schnelligkeit auszuführen war. Wenige Minuten nach dem ersten Zeichen und Ruf zu den Waffen war der Zug marschfertig und dann sofort im Marsch. Dieser ging so rasch, daß die Wagen nicht selten trabten, und das Fußvolk dann etwas zurück blieb. Wir mochten etwa um 1 Uhr Nachts abmarschirt sein und waren etwa 2—2½ Stunden lang durch den Wald marschirt, als wir in eine bewohnte Gegend gelangten und zwischen 4 und 5 Uhr in einem Dorfe und Edelhofe ankamen, wo vom Feind nichts zu fürchten war, und daher einige Stunden Rast gemacht und gefrühstückt wurde. Hier vernahm Krysinski, daß eine Abtheilung feindlicher Truppen von Wlodawa zur Verstärkung der Besatzung von Warschau auf dem Reisemarsch in diese Stadt begriffen sei, gleichen Tags auf der großen Straße vormarschiren werde, und daß in letzter Zeit keine Polen in dieser Gegend gewesen seien, also die Russen keine vermuthen würden. Er beschloß, sie zum Gefecht zu veranlassen. Es wurde stets in gleicher Richtung nur bei Tage und unverholen durch die Dörfer marschirt, mit fast gleicher Eile wie vorher. Es mochte ungefähr 10 Uhr sein, als man die große Straße erreichte, wo die Feinde noch nicht durchgekommen waren. Krysinski ließ auf derselben etwa ¼ Stunde rasten, nachdem man feindwärts abbiegend derselben gefolgt war. Dann wurde plötzlich wieder nach Norden auf einem schlechten Holzweg abgebogen, in einen bedeutenden Wald hineinmarschirt, die Wagen zum Kochen in diesem zurückgelassen und wieder nach rechts und Süden biegend der Waldrand erreicht, hier eine Stellung auf einige hundert Schritte von der Straße bezogen und eine Reiter-Postenkette quer über die Straße gestellt, so daß der Feind nothwendig auf sie stoßen mußte. Es war hauptsächlich die Raschheit der Bewegung im einfachen Vormarsch, im Beginn durch Zeit und Ort zum Verbergen — am Ende gegenüber einer anderen feindlichen Abtheilung zum Sichzeigen — benutzt, welche in der Berechnung des Befehlenden lag. Ebenso einfach als zweckmäßig ist der halbkreisförmige Marsch, um sich dem Feinde unbemerkt in die Flanke seines Marsches zu setzen. Das Ganze war ein Marsch, um sich einer verfolgenden Abtheilung des Feindes zu entziehen und einer anderen, nicht zum Gefecht ausgerückten — unerwartet entgegen zu werfen, zuerst in der Nacht durch Wald, dann Tags im freien Feld. — (Der zurückgelegte Weg betrug 6 bis 8 Stunden.)

Krysinski's Nachtmarsch nach dem Vorwerk Zaplanosty.

In besonderen Fällen, besonders in Feindes Nähe, trennte Krysinski seine Wagen von den Truppen und suchte für sie geschütztere Aufstellungen und Wege auf. Nach einem später zu beschreibenden Gefecht, das durch einbrechende Nacht beendigt wurde, marschirte die ganze Partei in trefflichster Ordnung gerade in den Wald, an dessen Rand sie gefochten, hinein, darin ihren Schutz gegen feindliche Verfolgung suchend. In derselben Nacht sollte der Wald durchschnitten und ein nahes Dorf als Nachtlager erreicht werden. Offenbar war die Wegstrecke zwischen Wald und Dorf die gefährlichste, weßhalb sie von den Wagen möglichst schnell zurückzulegen war. Da außerdem der Feind im Rücken vom Wald her drohte, so blieben die Fußtruppen nun an diesem Waldrande zurück, während die Wagen mit einer Reiterbedeckung, jedoch ohne vom Feinde zwischen Wald und Dorf etwas zu wissen, so viel wie möglich im Trab gegen das letztere zufuhren. Da erschienen plötzlich Kosaken. Die Spitze des Wagenzugs war bereits im Dorfe und scheint einen Befehl zum Halten nicht gehört zu haben, so daß der Zug in zwei Theile getrennt war. Diesen Augenblick scheinen die Kosaken benutzt zu haben, um einen Wagen, der mit Heu und Hafer beladen war, und den Reiterunteroffizier, der die Bedeckung befehligte, wegzufangen, was jedenfalls in aller Stille geschehen sein muß. Da es sich aber auf diese Art ergab, daß der Feind auch hier sich zeige, so wurde schnell der ganze Zug zum Umkehren befehligt, und es ging nun in allerschnellst möglicher Gangart in den Wald zurück. Hier blieben die Wagen wohl eine Stunde, bis eine ausgesandte Reiterabtheilung den Weg nach einer anderen Richtung hin für sauber befunden hatte. Mit sehr verstärkter Reiterbedeckung fuhren die Wagen von Neuem in dieser neuen, mehr nördlichen Richtung ab, und zwar abermals in möglichst schneller Gangart und unter verdoppelter Wachsamkeit der begleitenden Reiter. Von diesen ritten stets Einzelne längs des ganzen Zuges wortlos hin und her. Andere, zu vier bis sechs, ritten bald voraus, bald nach hinten. An geeigneten Stellen, unter Bäumen, hinter Steinhaufen, Erderhöhungen u. dgl. sammelten sich kleine Trupps derselben, um die Umgegend seitwärts zu beobachten und entsandten Einzelne in's Feld hinaus; kurz die Reiterbedeckung umschwärmte in schützender Weise den Wagenzug auf vorzügliche, unermüdliche Weise. Der Marsch geschah auch hier wieder in ganz gerader Richtung. Es war noch Nacht, als der Zug auf dem abgelegenen, rings von Wald umschlossenen Vorwerk von Zaplanosky ankam. Mehrere Stunden später kam mit einigen Reitern der Naczelnik und noch einige Stunden nachher das äußerst ermüdete Fußvolk an. Auch hier war es die Raschheit der Bewegung, worin der Befehlshaber die Lösung der Aufgabe fand, und um deren willen er seine Truppen theilte, wodurch er auch eine mögliche allgemeine Niederlage für den Fall eines Marsches der Gesammttruppe vermied. Es lassen sich zwar auch gewichtige Gründe gegen ein solches Verfahren anführen. Indessen der Erfolg rechtfertigte es.

Krysinski's verborgener Tagemarsch aus dem Vorwerk Zaplanosky.

Auf diesem Vorwerk fühlte sich Krysinski keineswegs wohl. Seine Leute waren äußerst erschöpft von mehrtägigen Reise- und Gefechtsmärschen und Gefechten. Zweimal wurde der verfolgende Feind angekündigt, und obgleich dieß sich als irrig erwies, so waren doch vom Dache des Scheuerwerks aus über den Wald auf weniger als eine Stunde Entfernung kleine, sich allerdings nicht sehr rasch bewegende Gegenstände zu entdecken, welche zwar wahrscheinlich Vieh waren, doch auch Kosaken sein konnten. Er beschied den Pächter des Vorwerks, welcher berichtete, daß kein anderer Weg zu und von demselben führe, als der, auf welchem die

Partei gekommen war und neben welchem auch jene verdächtigen schwarzen Dinge sich zeigten. Ringsum sei dichter Wald. Endlich auf genaues Befragen gab er zu, daß noch Holz- und Wiesenwege vorhanden seien, die sich aber am Ende verlieren. Krysinski ritt mit ihm durch einen dieser Wege ab und kam nach etwa einer Stunde zurück. Sofort wurde zum Abmarsch geblasen, und die ganze Partei drang auf zwei Gleisen mit Gras dazwischen — mehr als auf einem eigentlichen Weg — nach rechts und nach Norden in den Wald hinein und mit einer großen Krümmung nach vielleicht einer Stunde Marsch zu einer Waldwiese, längs welcher der Weg hinführte. Die größere Hälfte an der Spitze des Zuges befand sich am Saum dieser Wiese auf dem Marsch, als angehalten wurde. Eine gute halbe Stunde verging, als ein Reiter von der linken Flanke her Meldung brachte, worauf die vordere Hälfte des Zuges umkehrte und nach jener Seite hin abrückte, die hintere ihr folgte (offenbar, um den etwa verfolgenden Feind über den Marsch in die Irre zu führen). Ueber das hohe Gras von Wiesen, auf welchen anderwärts Bauern zum Heuen mähten, und durch das Gebüsch, abermals in einer großen Krümmung, gelangte der Zug plötzlich an einen kleinen Fluß oder großen Bach von etwa 12′ Breite. Dabei standen die „Pontonniers" und legten eben die letzte Hand an eine von Baumstämmen kaum genügend fest übergebaute Brücke. Es bedurfte polnischer Wagen, Pferde und Fuhrleute zu deren denn doch glücklich — mit den Wagen an der Spitze — vollzogener Ueberschreitung. Jenseits fand sich ein ziemlich breiter, doch in Folge langer Hitze und Trockenheit zur Noth gangbarer Sumpf und durch denselben ein Weg für die Wagen. Am Rand eines Waldes theilte sich der Weg, ein Zweig ging geradeaus, der andere links. Durch letzteren ging der Marsch und vielleicht eine Stunde lang durch den Wald. An dessen jenseitigem Rand ging ein Weg im rechten Winkel rechts ab. Dieser wurde eingeschlagen und in geringer Entfernung ein anderes Vorwerk — etwa um 2 Uhr Nachmittags — erreicht, wo man mit aller Sicherheit und Bequemlichkeit lagerte. Hinter dem Zuge her mähten die Bauern das Gras ab, über welches der Marsch gegangen war, und zogen die Pontonniers die Stämme der Brücke auf das neubetretene Ufer und zerstörten und verbargen bestmöglichst die Spuren des Uebergangs. Krysinski erhielt denn auch sichere Kunde, daß der Feind ihn bis zum Vorwerk Zaplanosy verfolgt, aber in dessen Nähe seine Spur verloren habe. In dem neubezogenen Vorwerk blieb er ganz unangefochten. Von seinen Anordnungen hatte Krysinski keinem Mann der Truppe zum voraus etwas mitgetheilt, außer den dafür nöthigen Befehlen an die Ausführenden unmittelbar vor der Vollziehung Es war für die Partei selbst eine Reihe von Ueberraschungen. Die Raschheit und Sicherheit in der Ausführung war musterhaft. Krysinski hatte seine Truppe geschickt aus der Mäusefalle gerettet, in die sie — ein wenig durch seine Anordnungen — gerathen war.

Rucki's Nachtmarsch aus dem Walde bei Korobusa Wola nach dem Puchaczower Walde.

Rucki lag einige Tage nach dem später zu erzählenden Gefecht, dem ersten seiner Partei mit den Russen, in sehr geschwächter Zahl, etwas gedämpfter Stimmung seiner Leute und unter sonst nicht sehr glänzenden Umständen im Walde bei Korobusa Wola. Dieser Wald schien nicht von Bedeutung zu sein. Das Lager oder besser der Halteplatz auf dem betreffenden Holzwege lag bloß einige hundert Schritt von einem Waldsaum, welcher an die Felder des genannten Vorwerks stieß, und zwar gegen Norden. Ebenso war gegen Süden der Waldsaum zwar durch einen sogenannten See, in dem ich aber kein Wasser, sondern bloß Schilf und Gras sah, begrenzt. Jenseits jenes Sees zog sich die Straße von Chelm nach Leczna. Die Moskowiten hatten die noch mehr nach Süden liegende Straße von Chelm nach Lublin verlassen und mit sehr überlegenen Streitkräften, 6 Rotten Fußvolk, 4 Geschützen, 3 Schwadronen Dragoner und 2 Sotnien Kosaken, zu Aufsuchung Rucki's die erstere Straße eingeschlagen. Ein Courier nach dem andern meldete ihr stets näheres Anrücken. Aber auch auf der nördlich durchführenden Straße von Chcow nach Puchaczew, die sich dem Lager noch weit näher und ohne zwischenliegendes Hinderniß hinzog, zeigten sich feindliche Truppen, wenn auch in geringerer und weniger bestimmter Zahl. Rucki war zwischen denselben. Er ließ den Abend heranrücken. Dann wurde abmarschirt und zwar getheilt, die Fußtruppen zum größeren Theil längs des Sees in einem nach rechts abbiegenden Winkel, die Wagen, Reiterei und der kleinere Theil des Fußvolks in einem links abbiegenden Winkel und vor der näheren Feindesabtheilung durch nichts Erhebliches verdeckt, also in der Absicht, sich ihm der Zahl und Marschrichtung nach zu zeigen. Bei einbrechender Dunkelheit vereinigten sich beide Theile und gelangten, nachdem sie dem Wald auf guter Straße gefolgt waren, an eine Stelle, wo sie in denselben auf eine kurze Strecke eintrat und dann zu einer Holzbrücke gelangte, neben welcher die mehrbefahrene Straße vorüberging, welche aber von einer Nebenstraße überschritten wurde. Der Marsch ging über letztere. Es war vorauszusetzen, der Feind werde vermuthen, er gehe über erstere gerade aus. Auf dem eingeschlagenen Wege gelangten wir nun bei schon völlig dunkler Nacht auf die Landstraße (ohne Zweifel von Chcow nach Puchaczow) und rückten auf dieser eine kurze Strecke in einer uns dem Feinde entgegenführenden Richtung, dann plötzlich wieder nördlich oder links ab in einen Wald, welcher in allen möglichen Richtungen von Wegen sowohl als von Rainen, kleinen Schluchten u. dgl. durchschnitten war. Hier theilte sich der Zug abermals, um sich wieder zu vereinigen, dann nach rechts oder wieder dem Feinde entgegengesetzt zu wenden, und bei einem Kreuzweg plötzlich nicht einen der kreuzenden Wege zu verfolgen, sondern durch dichtes Gebüsch einige hundert Schritt weit einzudringen, worauf wir an eine lichte Waldstelle gelangten, und hielten, um da zu lagern, was wir dann auch in voller Sicherheit thaten. Gegen Morgen erhielt Rucki Nachrichten, und mit einem Ausbruch von Freude, den ich sonst nie an ihm sah, faßte er mich um den Hals und rief: „Jetzt, Herr Bruder, wissen die...... nicht mehr, wo wir sind! und wir sind doch näher bei ihnen als vorher, nur am Schwanz, statt am Kopf!“

Durch den Marsch zwischen ihren beiden Abtheilungen in der Richtung derselben hatte er die schwächere in derselben fortzugehen bestärkt, die einbrechende Nacht benutzt, um vor ihrer Spitze durch sich aus der Zange herauszuziehen, sich so weit nöthig von der letzteren entfernt und sich dann gegen ihr hinteres Ende zu bewegt, worauf die Nachrichten ergaben, daß ihm seine Absicht (die er bei seiner anfänglichen Marschrichtung gehabt) zu erreichen gelungen sei und sie gleichsam an ihm vorbei abliefen. Es war ein vollständig gelungener offener Marsch und geheimer Contremarsch zwischen zwei Feindesabtheilungen heraus, dann in die Flanke und gegen den Schweif der schwächeren.

Czechowski's Rückzug auf galizischen Boden. (Fig. IV.)

Dieser Rückzug möge hier nicht als Muster, sondern mehr als bezeichnendes Beispiel, auch nicht als eigentlicher Marsch, sondern als bloße Bewegung oder Uebergang seine Stelle finden.

Czechowski, ein Mann des großes Kriegs aus der Dreißiger-Schule, hatte sich im März von den damals noch wenig zahlreichen Russen bis hart an die galizische Grenze zurückdrängen lassen. Diese war durch einen in tiefem Bette fließenden Bach gebildet, welcher einen großen nach Galizien ausspringenden Bogen machte, in dem eine Halbinsel congreß-polnischen Gebiets eingeschlossen war. Am ausspringendsten Theile dieses Bogens lagerte Czechowki's Partei. An dessen rechtsseitigem oder östlichem Ende, eine kleine halbe Stunde vom Lager, befand sich ein polnisches Dorf. Es war nicht schwer zu errathen, daß der Feind, der Bewegung der Polen folgend, den Bogen der Sehne schließen würde. Ein Adjutant des damals bei Czechowski eingetheilten Majors Rucki (welcher letzterer gerade nicht anwesend war) und gewesener österreichischer Offizier stellte dem Befehlshaber die Lage der Dinge vor und suchte ihn zu irgend einer Thätigkeit zu veranlassen. Czechowski wies ihn zornig mit dem Vorwurf der Feigheit ab. Die Nacht trat ein. Im bewußten Dorf begannen die Hunde so heftig und andauernd zu bellen, daß daraus das Einrücken des Feindes deutlich zu entnehmen war. Etwas mehr als eine Stunde später waren von dorther Zeichen durch Trompetenstöße und dann von dort aus gegen links oder im Norden des Lagers eine im Bogen um dasselbe sich ziehende, in gemessenen Abständen auf einander folgende Reihe von Pfiffen zu hören. Alle Offiziere drangen in den alten Anführer, etwas gegen die offenbar nahe bevorstehende Umzingelung zu thun. Er verlor den Kopf und übergab den Befehl einem alten Hauptmann, ebenfalls aus dem Dreißiger-Kriege, und dieser überließ es dem genannten Adjutanten, was er thun wolle. Letzterer deckte seine Stellung gegen den Feind zu durch eine verborgen aufgestellte Feldwache von Reitern und einem kleinen Theil Fußvolk. Alle übrige Mannschaft stellte er an die Ränder der Schlucht, welche das Bett des Baches bildeten und mit dem wenigen vorhandenen Werkzeug (denn eine Genie-Abtheilung war nicht vorhanden), mit den Waffen und bloßen Händen wurden diese Ränder fahrbar gemacht, wobei unser Adjutant selbst mit rastloser Arbeit voranging. In zwei Stunden war das Werk vollbracht. Die Wagen fuhren auf österreichisches Gebiet hinüber. Ihnen folgten abtheilungsweise die Truppen, und zwar unverfolgt von Russen, unbelästigt von Oesterreichern. Nach glücklich bewerkstelligtem Uebergang wollte der Adjutant seine Befehle ertheilen, um die Partei auf einer anderen Stelle wieder über die Grenze zu führen. Da versagte ihm die Mannschaft, weil sie nicht mehr auf polnischem Boden stehe, den Gehorsam. Er zog den Revolver drohend gegen die Rädelsführer und forderte zum Gehorsam auf. Von allen Seiten wurden Bajonnette auf ihn gefällt. Sechszehn Edelleute, welche an der Meuterei nicht Theil nahmen, rief er dafür zum Zeugen an, packte von den vorräthigen Gewehren so viele als möglich auf die Briczka eines Freundes und führte sie mit ihm durch den Wald an eine andere einsame Stelle der Grenze, wo sie solche vergruben, um — Jeder für sich — einstweilen in seine Heimath zurückzukehren.

Streifzüge,

immer oder wenigstens fast immer von Reiterei allein ausgeführt, haben vorzüglich zum Zweck, das: „Ueberall und Nirgends" des rechten Parteigänger-Krieges zur Wahrheit zu machen, den Feind da, wo er sich am ruhigsten glaubt, mit seiner augenblicklichen Gegenwart zu überraschen, ihn über den wahren Standort, die Marschrichtung und dgl. in die Irre zu führen und so viel wie möglich von jenen oft fast an's Spaßhafte streifenden, unzähligen kleinen Thaten, Streichen und Neckereien auszuführen, in welchen der Pole erfinderisch und geschickt ist. Den Feind an so vielen Orten als möglich auf die Beine zu jagen und vergeblich in der Welt herumirren zu lassen, oder irgend eine werthvolle Sache aus seiner Mitte wegzukapern, — Alles ohne nur einen Schluß zu thun, das ist der höchste Zweck dieser Streifzüge. Auch hier werden Darstellungen von einzelnen Beispielen des lebendigste Bild davon geben.

In die Gegend zwischen Chelm, Zamosc und Hrubieszow entsendete Rucki aus seinem Lager bei Zalin nahe bei Swierze am Bug eine Abtheilung von 30 Reitern. Die zwei letzten Orte (Zamosc und Hrubieszow) liegen 15—18 Stunden vom damaligen Lager Ruck's. Die Reiter rückten gerade, aber behutsam in einigen Märschen auf Hrubieszow los, hielten in gemessener Entfernung davon an, erfuhren, daß es, wie gewöhnlich, von Russen besetzt war; dieß wurde ihnen durch herausgekommene Einwohner berichtet, durch welche sie auch, in sicherem Versteck, einen Tag hindurch reichlich mit Nahrung versehen wurden. Gegen Abend ritten sie mit so viel Lärm als möglich gegen die Stadt zu. Sofort wurde vom Feinde zu den Waffen geschlagen oder geblasen, und Alles „kurz und klein, Sack und Pack" mit vielen Wagen marschfertig gemacht. Es dauerte eine gute Zeit, bis Truppen gegen die polnischen Reiter ausrückten, nämlich Kosaken. Sowie diese nahten, bogen die Polen rasch rechts ab und ritten in schärfstem Trab und Galopp durch Nebenwege mehrere Stunden zu einem Lagerplatz in einem Walde, wo sie ganz sicher waren. Sie hatten einen von den Ihren bei sich, der die Gegend bestens kannte. Hier wurde bis gegen Mittag gerastet und dann auf einem kurzen Marsche mit Sang und Klang und unter lautem Jubel der Einwohner in ein von Moskowiten nicht besetztes Städtchen auf der großen Straße von Hrubieszow nach Zamosc eingerückt, Halt gemacht, und die vortreffliche Bewirthung durch die Bevölkerung genossen, auch gehörig dafür gesorgt, daß die ganze Partei Rucki's in der Nähe geglaubt wurde. Noch bei Tage wurde, ebenso augenfällig, gegen Zamosc abmarschirt, die Straße aber an einsamer Stelle verlassen und gegen Norden geritten, Zamosc umgangen, und die Straße von da nach Krasnystaw erreicht. Auf dieser sollte ein moskowitischer Courier, der mit Extrapost reiste, abgefaßt werden. Ein junger Reiter, galizischer Rechtsgelehrter, erbat sich diese Aufgabe und lag schon an einsamer Wegstelle in sicherem Hinterhalt, den gespannten Revolver in der Hand, um dem Postillon (die Postillone denken alle gut polnisch) Halt zu gebieten, in den Wagen zu steigen, und den Courier möglichst höflich, wo nöthig aber mit Gewalt, seiner Bürde zu entledigen. Da kam der befehlführende Offizier zu ihm und rief ihn zurück, weil er vom Postmeister erfahren habe, daß die Schriften des Couriers von keiner Bedeutung seien. Unser Reiter gehorchte ungern diesem Gegenbefehl. Die Truppe folgte nun einen kleinen Tagmarsch weit in einiger Entfernung der Straße bis zu einem andern Städtchen, worin sie ein Spital mit 7 verwundeten Polen in den Händen der Moskowiten wußten. Zu deren Fortschaffung wurden Wagen und sonst alles Nöthige zugerüstet und Nachts so nahe als thunlich zum Städtchen herangerückt, dann abgesessen, mit aller Vor- und Umsicht herbeigeschlichen, die 60 Mann Feinde theils auf einer ziemlich nachlässig besorgten Wache, theils in der Quartieren vollständig überumpelt, mit den Händen rückwärts an Bäume gebunden, den Einwohnern verboten sie loszubinden, bevor 24 Stunden verflossen seien, aber erlaubt, ja befohlen, sie gehörig zu füttern, dann

7 Verwundete, welche fortgeschafft werden konnten, auf die Wagen gelegt, der siebente aber, durch einen Schuß, der ihm die rechte Achsel zerschmettert, allzu schwer verwundet, um ihn fortschaffen zu können, zurückgelassen. (Dieser wurde von bald darauf anrückenden Moskowiten in ein Gestrüpp getragen, mit Reiswellen umgeben und verbrannt!) Unsere Reiter waren indessen in schnellster Gangart und durch verborgene Wege nach Nordost davon geeilt und brachten ihre verwundeten Kameraden in ein anderes sicheres Spital. Von da schlugen sie den Rückweg in kurzen Märschen auf einen Umwege ein. Ihr langsameres Vorrücken gab dem Feinde Zeit, früh genug zur Verfolgung davon Kenntniß zu erhalten. Schon war eine starke feindliche Abtheilung mit ihrer Spitze in Sicht gekommen, offenbar in Verfolgung begriffen Die Polen warfen sich sofort in die nächsten Getreidefelder und verbargen sich darin so gut, daß sie unbemerkt den Durchmarsch des Feindes, Dragoner und Fußvolk auf Wagen, beobachten konnten. Die Polen rückten längs der Straße auf einigen Abstand davon weiter und bis nahe zum nächsten Dorfe, als noch eine Sotnie (hundert) Kosaken nachrückten und den Weg durch das Dorf, dem sie nicht zu trauen schienen, im Galopp zurücklegten. Es war augenscheinlich die Nachhut des Feindes. Auf Nebenwegen eilten ihnen die Polen beobachtend nach, bis sie solche in einem Edelhof hörten und sahen. Durch hohes Roggenfeld und Wald umgehend, konnten sich Alle bis auf einige hundert Schritte in ein gutes Versteck dem Edelhofe nähern und während fast eines Tages Alles, was jene trieben, beobachten. Einzelne, wie z. B. unser Rechtsbeflissener, schlichen sich bis auf fünfzig Schritte heran und konnten jedes Wort verstehen. So bestellten die Russen Briczken, um ihnen in einer anderen Richtung, als sie einschlagen wollten, nachzusetzen. Die Polen ließen sie ruhig abziehen, brachen eine Stunde später auf und zogen nach zwei kurzen Märschen, Alle wohlbehalten und ein vaterländisches Kriegslied singend, in ihr Lager im Vorwerke von Zalin ein. Heldenthaten hatten sie keine verrichtet, aber wenigstens zehnmal mehr Feinde auf die Beine gejagt und in Athem gehalten,

kurz zehnmal so viel Kräfte des Feindes als eigene verzehrt.

„Nur keck!“ war das Wort, mit welchem unser Rechtsbeflissener jedesmal, wenn von diesem Zuge die Rede war, seine Aeußerungen darüber begleitete. Diese den Polen eigene Keckheit gegenüber den Russen beruht auf dem Gefühl geistiger Ueberlegenheit und ist bezeichnend für den heutigen Krieg.

Nach Lublin wurde von Rucki eine andere Abtheilung Reiter unter dem Befehlshaber der gesammten Reiterei entsendet. Wie bei der bereits erwähnten das „Ueberall und Nirgends“, „Kreuz und Quer“ vorwaltete, so war es bei dieser die Raschheit der Bewegung in einem einzigen kräftigen Stoß. Der einzige Zweck derselben war, ein Ei aus dem feindlichen Nest zu holen, nämlich einen beträchtlichen Vorrath an neuverfertigten Ausrüstungsgegenständen, Tornistern, Patrontaschen, Säcken u. s. w. Lublin liegt etwa 20 Stunden von Zalin, in dessen Walde damals Rucki lagerte. Der gerade Weg zwischen beiden kreuzt die von der Grenze gegen Warschau zu führenden Hauptstraßen, was dem Unternehmen günstig war. Die Abtheilung, ebenfalls ungefähr 30 Mann stark, ritt in Eilmärschen gegen Lublin zu und legte sich dort in sichern Versteck. Der Befehlshaber, in Bürgerskleidern, ging Tags in die Stadt und überzeugte sich, daß zu einer bestimmten Stunde der Nacht in einem abgelegenen, von außen leicht zugänglichen Stadttheile die Wagen vollständig verladen bereit standen, auf welchen die Vorräthe in's Lager geschafft werden sollten. Es waren deren zwei. Es war Mitternacht vorbei, als alle 30 Reiter in aller Stille in dem Hofe des Hauses bei den bereits bespannten Wagen ankamen und mit ihnen ebenso stille die Stadt verließen. In der Vorstadt ging einem Reiter aus Unachtsamkeit oder Versehen das Gewehr los. .Dies gab Lärm bei den Russen. Sobald die Polen es bemerkten, eilten sie im Trab und Galopp davon; ein Theil blieb als Nachhut um etwa tausend Schritte zurück. Sie wurden von russischer Reiterei und Kosaken erreicht, wandten um, zogen die Säbel und warfen sich keck auf ihre Verfolger. Diese mochten daraus auf eine bedeutend stärkere Zahl Polen schließen. Mit ein Paar gewechselten Säbelhieben, bei welchen keinem Polen die Haut geritzt wurde, war der ganze Zusammenstoß zu Ende. Auf geradestem Wege, aber in lauter — mit Ausnahme des letzten — bei Nacht ausgeführten Märschen, wurden die 2 Wagen ins Lager gebracht.

Noch ist zu bemerken, daß die letztere Abtheilung, welche fortwährend möglichst unbemerkt bleiben sollte, keine Uniformen trug, während die gegen Hrubrieszow und Zamosc entsandte, die sich hier und da zeigen sollte, damit versehen war.

Ich übergehe eine Menge einzelner Züge von anscheinend geringer Bedeutung aus andern Streifzügen, wie z. B. eine Abtheilung von Rucki's Reitern unter Rotmistrz Niedzwirdzki Nachts auf andere Reiter stieß, auf ihren „Werda"-Ruf in polnischer Sprache freundliche Antwort erhielt, heranritt, dann aber der Rotmistrz am Himmel sich gegenüber lauter runde Kränze oder Wulste an den Köpfen sah, nämlich Kosaken-Mützenpelze, sofort „Halt! Kosaken!" rief, seinen Revolver abfeuerte, den Säbel zog, seine Leute seinem Beispiele folgten und sie so noch glücklich der Falle entschlüpften, während eine andere Abtheilung von 17 Mann in einem Hause sich allzusicher wähnend, ohne ausgestellte Schildwache, von Kosaken überfallen und gefangen wurde ꝛc.

Die Streifereien der Polen sind nach meinen eigenen unmittelbaren Wahrnehmungen und den Berichten der Einwohner viel häufiger, als die der Kosaken, welche solche nur bei ganz bestimmtem Befehl, oder wo sie Beute hoffen, unternehmen und sich nicht in die Ferne wagten.

Stellungen und Bewegungen zum Gefecht,

ohne daß letzteres wirklich erfolgt, kommen sehr häufig vor.

Die Wahl der Stellung und die Aufstellungsweise sind meist sehr einfache Dinge. Waldsaum ist fast immer, ja in allen mir näher bekannten Fällen die Grundlage der Stellung. Je nach seiner Beschaffenheit bezüglich seiner Gestalt im Grundriß, dem Baumwuchs, den kreuzenden Wegen, benachbartem Gebüsch, Wasser, Sumpf, Brücken, Gebäuden wird sich dann die Anordnung näher bestimmen, — ebenso nach dem Gefechtszweck, ob man einen geordneten feindlichen Angriff erwartet, oder ihn herbeiführen will, oder sich ihm selbst unerwartet entgegenwirft, — oder aber man den Feind überraschen, in Hinterhalt locken will.

Die Aufstellungsweise ist ebenso einfach. Die Gewehrträger in Kette bilden das erste Treffen; — die Schützen da, wo ihr weitertragendes Feuer seinen Vorzug geltend machen kann, — die Jäger zum Schuß auf kürzere Entfernungen, — die Sensenmänner geschlossen im zweiten Treffen, — die Reiter vorgesandt zum Plänkeln, oder auf den Flügeln.

Hauptzweck bei diesen gewöhnlichen Gefechten ist, dem Feind mehr Leute verlieren zu machen, als man selbst verliert, oder auch nur ihn zu ermüden.

Größere Treffen kommen so selten vor, daß mir die Naczelniks selbst sagten, ich könnte möglicherweise mehrere Monate bei ihnen bleiben, ohne ein solches zu sehen. — Hingegen zu jenen kleineren Gefechten setzt man sich häufig in Bereitschaft, und hier und da, etwa alle 14 Tage einmal, kommt es zum wirklichen Gefecht. Die ruhmredigsten Polen werden nicht sagen können, daß sie im Durchschnitt sich öfter als so geschlagen haben.

Mit sehr geringen Ausnahmen werden alle, auch die kleinen Gefechte in den Zeitungen berichtet, wie ich mich durch Vergleichung überzeugen konnte. —

Es mögen auch hier einige Beispiele folgen, und zwar, laut Ueberschrift, vorläufig bloß von gewählten oder ausgeführten Stellungen und Bewegungen zum Gefecht.

Rucki's Anordnungen zum Gefecht bei der Holendernia und Lukowek. (Fig. V.)

Rucki lagerte am Rande des Waldes bei Holendernia (eigentlich „der Holländerei" oder Sennerei), der gegen Norden gewandt war. Er erwartete den Feind von Swierze oder Ruda, also von Osten her. —

Eines Abends, nachdem er mich auf der Karte über seine Entwürfe zu 2 größeren, vereint mit 2 anderen Parteien auszuführenden Unternehmungen berathen, ließ er für sich und den Waffen-Capitain Kuszma Pferde vorführen, und dazu noch ein drittes Pferd. „Herr Bruder! Sitzen Sie auf!" sagte er mir ganz freundlich. Ich war etwas verwundert über diese Einladung und schwang mich, übrigens sehr zufrieden damit, in den Sattel. Wir ritten gegen Osten zu, dem Waldsaum entlang, neben welchem auf ungefähr 200 Schritte Abstand in einer sanften Vertiefung des Bodens ein Bach mit sumpfigem Ufer lief, jenseits dessen offenes Feld wellenförmig aufstieg. Weiter gegen Osten dehnte sich der Wald hinunter bis zum Dache gegen Norden aus.(A) Noch weiterhin (B) trat er wieder hinter den Weg zurück. Hierauf folgte rechts oder südlich ein ansehnliches, mit Zäunen bis zum Bache hinunter und großen Holzvorräthen umgebenes Gebäude, fast einem Forsthause ähnlich (C); dann kam links auf geringe Entfernung Buschwerk, das sich auf beide Seiten des Baches erstreckte, aber weiterhin gegen denselben zurücktrat und stark umzäunt war. (D) Rechts lief der Wald weiterhin dem Wege nach und bog dann rechtwinklig nach rechts von derselben ab. (E) Wir waren nicht ganz bis zu dieser Waldecke geritten, als Rudi anhielt und mir sagte: „Herr Bruder! Hier ist das Schlachtfeld! — Ihre Anordnungen für das Gefecht von morgen? Der Feind ist etwas stärker als wir und hat 2 Geschütze." — Ich war froh, mich in Friedenszeiten und den wenigen ernsteren Gelegenheiten, die ich mitgemacht hatte, mit derartigen Gedanken vertraut gemacht zu haben, sah mich nochmals um und sagte: „In die dort hinten liegenden Gebäude lege ich den Rückhalt, und halte sie bis zuletzt fest. Den Wald hier zunächst besetze ich an seinem nördlichen und östlichen Saum mit Schützen und einem Theil der Sensenmänner im zweiten Treffen. In das Buschwerk lege ich eine Abtheilung Gewehrträger und auf das Feld davor stelle ich die Reiterei. Diese und die Leute im Gestrüpp eröffnen das Gefecht und suchen den Feind gegen das Gestrüpp zu locken. Gelingt dieß, so eröffnet die Besatzung des Waldsaums ihr Feuer in deren Flanke oder Rücken. Geht aber der Feind gerade auf den Wald los, so wartet dessen Besatzung mit ihrem Feuer so lange als möglich. Der Waldsaum wird dann festgehalten. Die Leute im Buschwerk weichen dem feindlichen Andrang bis zum Hause. Von diesem aus wird dann mit aller Kraft sein linker Flügel angegriffen. Muß auch der Waldsaum geräumt werden, so wird das Gebäude mit Umzäunung und vorbereitetem Verhau u. s. w. möglichst lange gehalten, und der dahinter liegende Waldsaum als Rückhalt besetzt." — Der Naczelnik war mit mir zufrieden und fügte bloß bei: „Man könnte auch einen eigentlichen Hinterhalt machen, den Wald zu beiden Seiten des Weges erst hinter dem Gebäude besetzen und den Feind unangefochten so weit als möglich über dasselbe hinaus marschiren lassen." — (Die Russen rückten nicht heran.)

Krysinski's Gefechtstellung an der Straße von Wlodawa. (Fig. VI.)

Krysinski lag, wie früher (bei den Märschen) berichtet, an einem Waldsaum, welcher auf mehrere Hundert bis vielleicht Tausend Schritte im Norden von der Straße lag und auf einer kleinen Erhebung des Bodens gegen die Straße aussprang. Hinter dieser befand sich eine rings von Wald umschlossene Wiese. Im Westen war jedoch der Wald nur schmal, ein bloßer, sich über jene Erhebung ziehender Streifen. — Krysinski stellte seine Reiter-Posten-Kette gegen Westen über die Straße, so daß die Russen, wenn sie auf dieselben stoßen würden, einen großen Theil ihrer rechten Flanke bereits gegen seine Stellung bloßgegeben hätten. Er lagerte sich mit seinem Fußvolk an den inneren Rändern der Wiese. Sobald der Anmarsch des Feindes bemerkt worden, wären die (weniger gut bewaffneten) Jäger in den Vorsprung versteckt in Kette gelegt worden; auf der hinteren Seite des kleinen Hügels, geschlossen, aber am Boden liegend, die Kosyniery, — die Scharfschützen, etwas mehr zurückgezogen, auf dem linken Flügel, und zwar als der beste und mit Haubajonnetten versehene Theil der Partei ohne Sensenmänner. — Wo möglich wäre dann mit Eröffnung des Fußgefechtes gewartet worden, bis der Feind mit der Reiterei gehörig im Gefecht gewesen wäre. Im gegebenen Augenblick wären entweder die Kosynierv oder die Scharfschützen oder beide zusammen auf den Feind gestürzt. Zum Gefechte kam es nicht, weil der Feind nicht anrückte, so lange man sich in der Stellung befand.

Krysinski's Anordnungen zum Gefecht am 7. Juli 1863. (Fig. VII.)

Am Morgen des Heumonats 1863, nach einer unter ziemlich mißlichen Umständen im Walde (O) zugebrachten Nacht, bezog Krysinski mit seiner Partei sein Lager in einer abgelegenen, von Wald und Hügeln verborgenen Wiese. (A) Die Suppe war gegessen, die Wagen wieder gepackt, und man war eben im Begriff weiter zu marschiren, als von der streifenden Reiterei das Anrücken verfolgender Feinde gemeldet wurde. Ein mit Gestrüpp bewachsener geringer Hügel, der sich dem Feinde gegenüber an das Lager anlehnte, wurde sofort im ersten Treffen von Schützen, im zweiten von Sensenmännern besetzt, welche im Gestrüpp in Kette ausbrachen (BB) und so den Feind erwarteten. Dieser aber, sobald er sah, daß die Polen gefechtsbereit waren, blieb zwischen dem Wald (O) und dem Dorf (P) stehen. Indessen ging Krysinski selbst mit einer Abtheilung (etwa 30—40) Reitern ihnen entgegen (D) und ließ gleichzeitig jene Kette vorrücken. (CC) — Die Jäger und eine Abtheilung Sensenmänner blieben im Lager bei den Wagen. Der Feind ging in das Dorf zurück. Die Kette zog sich links in das gegen das Dorf sich hinziehende Gestrüpp, welches ihr bald bis an's Knie, bald bis an die Brust ging und einen trefflichen Schutz gegen einen Reiterangriff bildete, und ging in der Flanke um das Dorf herum, (nach EE) wie dieß auch die Reiter thaten. Der Feind wich auch vor dieser Bewegung zurück, und das Dorf fand sich von Feinden und Einwohnern völlig leer. — Nun ließ Krysinski das im Lager gebliebene Fußvolk ebenfalls heranziehn, und die Wagen erhielten nichts als Reiter zur Bedeckung, wahrscheinlich um wo nöthig längere Strecken traben zu können. Sämmtliches Fußvolk ging nach links rückwärts in einen anderen Wald, ohne Zweifel, weil in dem verlassenen noch Feinde verborgen sein konnten.

Mit ziemlicher Mühe mußte ein vorliegender Sumpf überschritten werden. Dafür war man sicher, vom nun erreichten Waldsaume (FF) aus in bedeutendem Vortheil gegen den über denselben Sumpf vorrückenden Feind zu sein. Der Waldsaum wurde in 2 Abtheilungen besetzt, einstweilen geschlossen, die Gewehrträger zum Ausbrechen bereit. Es begann heftig, doch nur kurze Zeit zu regnen. Indessen scheint sich der bei der Reiterei gebliebene Krysinski überzeugt zu haben, daß er die Wagen ohne zu große Gefahr ebenfalls in diesen Wald hinüberziehen könne. — Nach etwa 1½-stündigem Halt, während dessen der Befehlshaber der Fußtruppen (ein Welsch-Schweizer) sich für alle mögliche Fälle um- und vorgesehen, — erhielt er Befehl, dem Waldsaume entlang nach links in ein benachbartes Dorf (Q) zu ziehen, und dort bei der an der Vereinigung zweier Flüßchen und bei zwei Brücken (I u. II) gelegenen Branntweinbrennerei zu halten und die Ankunft der Wagen und Reiter zu erwarten. Dieser Befehl wurde vollzogen (G), und eine halbe Stunde nach Ankunft auf dem Haltplatz rückte auch der Wagenzug mit den Reitern heran (H) und vereinigte sich über die eine Brücke (II) mit dem Fußvolk. Wagen und Reiter rückten sofort weiter über die zweite Brücke (I). Hinter ihnen schloß das Fußvolk an. Die „Pontonniere" blieben bei der Brücke, bis etwa ½ Stunde später die letzte Reiternachhut dieselbe überschritten hatte, worauf die „Pontonniere" solche in Brand steckten. Die ganze Partei rückte zuerst nach dem Edelhofe (L), und nach einem kurzen Erkundigungshalte daselbst wieder in den schon früher besetzten Wald an einer andern, mehr gegen Osten gelegenen und zugänglichern Stelle, in der Hoffnung, hier angegriffen zu werden. — Auf den rechten Flügel, in ein vorspringendes Stück Wald (M), wurden Reiter und einiges Fußvolk gelegt, welche, sobald der Feind erscheine, das Gefecht eröffnen und auf sich ziehen sollten. Auf dem linken Flügel, in dem zurücktretenden Theil des Waldes, wurden die Scharfschützen und Sensenmänner versteckt, welche erst, nachdem der Feind am rechten Flügel gehörig „angebissen“ hätte, ihm umfassend mit Feuer und blanker Waffe in seine rechte Flanke gefallen wären. (Doch auch hier kam der Feind nicht heran, sondern umging den Wald, um die Partei im Rücken zu überfallen, was ihm nicht gelang.)

Die verschiedenen Aufstellungen und Bewegungen dieses Tages zeugten ebenso sehr für den richtigen Blick und die Gewandtheit und Besonnenheit des Führers, als für die Geübtheit und Sicherheit der Truppen. Obgleich dabei kein Schuß fiel, betrachte ich denselben als einen der gelungensten Gegenstände aus dem kleinen oder Parteigänger-Krieg, von welchen ich (anders als durch die Zeitungen) Kenntniß erhielt. Es ging Alles so sicher, rasch, in guter Ordnung, aus einem Guß, und am Ende aller Bewegungen dachte man mit Befriedigung daran, wie man geschickt aus dem alten bedrohten Lager in die neue Stellung gelangt war.

Gefechte.

Nach dem bisher Gesagten glaube ich ohne weitere Vorbereitung mit der Darstellung einiger Gefechte oder einzelner Züge aus solchen beginnen zu können.

Das Gefecht bei Sklarty. (Fig. VIII.)
(Ostern 1863.)

Oberst Cregowicz war am Mittwoch oder Donnerstag vor Ostern (1. oder 2. April) mit einem wenige Meilen von Krakau über die Grenze gegangenen „Corps“ von 500 Mann einige Märsche weit in das Innere, gegen Norden, vorgerückt. Es waren ihm 800 Mann zugesagt worden, und er ließ deßhalb für die fehlenden 300, denen er Befehl zurückließ, nachzurücken, die Waffen mittragen, so daß die meisten seiner Leute 2 Gewehre trugen. Seine Reiterei bestand aus 80 Pferden; Sensenmänner hatte er keine. — Der Zuzug blieb aus, die Feinde rückten in großer Uebermacht heran, und er entschloß sich deßhalb zum Rückzug, und zwar bis hart an die Grenze hinter das Dörfchen Sklary zurück. Dieß liegt in einer Ausbiegung der Grenze gegen das Gallizische oder vielmehr Krakauische hinein, ähnlich einer Landzunge, gebildet von einem kleinen, von einem Bach durchflossenen Thälchen, auf dessen beiden Seiten Wald liegt, welcher auf der Seite, wo das Dörfchen liegt, bloß die Höhe krönt, auf der andern sich von der Höhe bis fast zum Bach hinabzieht. Von jener Höhe führt ein Weg schräg gegen das Dörfchen hinab hinter und über einer Häusergruppe (B) vorbei. Gregowicz war durch das Dorf, über den Bach und den jenseitigen waldigen Abhang auf die Höhe (C) zurückgegangen und lagerte dort in einem Hohlweg in der Nacht vor Ostern (4. — 5. April). Im Laufe des folgenden Vormittags um 9 bis 10 Uhr wurde das Erscheinen des Feindes auf den jenseitigen Höhen gemeldet. Er ließ seine Schützen und Jäger oben am Abhang in Kette ausbrechen und verstärkte sie auf dem rechten, dem Dorfe gegenüber befindlichen Flügel durch eine geschlossene Abtheilung. Hier hielt er auch seine Reiterei bereit. Der Feind zog durch den Weg am jenseitigen Abhang herab und besetzte das Dorf und die Häusergruppe. Die Polen unten am Waldrand eröffneten zuerst auf ihrer ganzen Front das Feuergefecht. Dieß that dem Vorrücken des Feindes Einhalt. Gregowicz benutzte diesen Augenblick und griff mit seinem geschlossenen Fußvolk das Dorf von vorn an, während es von den Reitern rechts umgangen und von der Seite angegriffen wurde. So wurde der Feind ganz aus dem Dorfe zurückgedrängt. Auf dem linken Flügel versuchte Lieutenant Lenoir ein Gleiches mit der Häusergruppe zu thun. Kaum war er jedoch mit seinen Leuten aus dem Walde getreten, als aus dem Wege das feindliche Feuer sich hauptsächlich auf sie richtete und sie zum Stutzen und Zurückgehen brachte. Lieutenant Lenoir verlor hier von seinen 60 Mann 6 an Todten und Verwundeten. Indessen verstärkten sich die Feinde an jenem Wege immer mehr und besetzten auch das Dorf von Neuem.

Von da an gingen die Polen aller Ermahnungen und Befehle ihrer Führer, namentlich des Obersten Gregowicz, ungeachtet über den Abhang auf die Höhe und theilweise ohne es zu wissen, über die Grenze zurück, und ohne vom Feinde verfolgt zu werden, gingen sie theils unangefochten auseinander, theils wurden sie von österreichischen Husaren umzingelt und auf die rücksichtsvollste Weise gefangen genommen. — Daß Oberst Gregowicz wegen seines Mißgeschicks von einem Kriegsgericht in seiner Abwesenheit zum Tode durch Erschießen verurtheilt wurde, ist bereits früher erwähnt. —

Gefecht bei Zagorowo. (Fig. IX.)
(Ende März.)

Die Polen unter Mielenski hatten bei Zagorowo in den Wäldern von Binisznew eine sehr gute Stellung an einem Waldsaume, längs dessen sich ein Sumpf und auf gute Schußweite ein Bach hinzog, welcher an einer einzigen Stelle mittelst einer Brücke überschritten werden konnte, und dessen feindwärts liegendes Ufer aus einem steilen Abhang bestand, über welchen ein tief eingeschnittener Weg zur Brücke hinabführte. Die Polen ließen die Spitze der Russen unbelästigt bis etwas über die Brücke herankommen und eröffneten dann auf diese und die am jenseitigen Abhang Stehenden ein kräftiges Feuer, welches sie gänzlich in Verwirrung brachte, worauf die Polen mit blanker Waffe auf sie stürzten und ihnen eine bedeutende Niederlage beibrachten. 140 Feinde sollen allein bei der Brücke geblieben sein, im Ganzen 200. — Mielenski selbst erhielt einen Schuß durch den Unterleib, an dessen Folgen er starb.

Aus den Gefechten der Partei unter Czechowski

führe ich folgende zwei bezeichnende Züge an.

In einem dieser Gefechte wurde der rechte Flügel der Polen, bei welchem die Abtheilung des Lieutenants August Zielinski geschlossen stand, von einer Abtheilung russischer Dragoner angegriffen. Als Lieutenant Zielinski die Reiter ansprengen sah, ließ er, ohne sich lange zu besinnen, seine Leute das Bajonnet fällen und führte sie im Laufschritt den Reitern entgegen. Der Zusammenstoß erfolgte; mehrere Pferde stürzten von Bajonnetstichen, und dieß bewog die übrigen Dragoner, zur Flucht. Dieses kecke Vorgehen mit gehörigem Hurrah befeuerte die übrigen Polen. Sie gingen zum Angriff über und schlugen den Feind in die Flucht.

Ein anderes Mal standen Czechowski's Schützen gefechtsbereit in Kette am Waldsaum. Die Russen rückten gemach in Linie heran. Nach außen an ihrem linken Flügel ging ein Offizier, fleißig sein Fernrohr brauchend. Ein polnischer ihm gegenüberstehender Offizier, der ihn bemerkte, versprach dem, der ihn treffe, 20 Kopeken (ungefähr 80 Rappen). Ein ganz junger zum ersten Mal im Gefecht stehender Schütze verlangte einen Rubel. „Es gilt! Ich gebe Dir einen Rubel, wenn Du ihn triffst!“ Die Schußweite betrug noch wohl 700 Schritt. Der Junge legte an, zielte, schoß. Der Offizier fiel. — Der Junge verlangte sofort seinen Rubel, weil man nicht wissen könne, wie es in den nächsten Minuten auch ihnen beiden gehen könne, und er erhielt ihn. Bei dem Feinde wirkte dieser erste Schuß so entmuthigend, daß er ohne großen Widerstand zum Rückzug gebracht wurde.

Auf die bei Czechowski eingegangene Nachricht, daß am folgenden Abend ein Trupp Kosaken an einem nahen Dorfe vorbei und zwar nicht durch dessen Hauptgasse, sondern durch einen Nebenweg am Rande des Dorfes, auf einer Seite von eingezäunten Gärten, auf der andern von einem starken Zaune begrenzt, durchreiten sollte, ließ er sich bewegen, sich in diese Gärten und hinter jenen Zaun in Hinterhalt zu legen. Als aber die angegebene Stunde vorbei war und die Nacht anzubrechen begann, hielt er es trotz aller Vorstellungen für durchaus nöthig, in's Lager zurückzukehren und ertheilte Befehl, daß die versteckte Mannschaft sich auf dem Wege sammeln solle. Dieß war gerade in der Ausführung begriffen, als von der feindlichen Seite her einige Schüsse fielen und der Ruf:

„Kosaki" erscholl, diese auch fast gleichzeitig in vollster Carrière durch den Weg sprengten. Einzelne Schüsse wurden ihnen nachgejagt, aber ohne Erfolg. Hätte Czechowski ausgehalten, so wären die Kosaken, in ruhigem Schritt durchreitend, von den gefaßt und auf nächste Entfernung zielenden Polen fast Mann für Mann getroffen worden.

Rückzugs-Scharmützel bei Krysinski. (Fig. X.)

Eines Abends nach dem Abkochen und der Abendsuppe stand die ganze Partei marschbereit unter den Waffen, um zum Nachtmarsch gehörig eingetheilt zu werden, die Wagen im Walde zum Abfahren nach der außen am Wald führenden Straße gewandt, als gerade von dieser Seite die Nachricht vom Anrücken des Feindes ankam. Sofort wurde die aus etwa 15 Reitern und 20 der geringsten Gewehrträger bestehende Wagenwache von den Wagen weg, dem Feinde entgegengeschickt. Der Arzt, mit seiner Doppelflinte in der Hand, übernahm die Führung der Gewehrträger, mit welchen auch ich ging. Die Reiter befehligte ein Unteroffizier. Wir folgten im Laufschritt dem durch den Wald hinausführenden Weg. Als man in's freie Feld hinaus zu sehen begann, ließ der Arzt die Mannschaft links und rechts des Weges in Kette ausbrechen, und befahl ihnen, bis an den Waldsaum vorzugehen, kehrte aber selbst wieder um und ließ also die Mannschaft so zu sagen ohne Führung. In leidlicher Ordnung ging es indessen vorwärts. Bevor wir noch den Waldsaum ganz erreicht hatten, fingen Schüsse von der auf einige hundert Schritte entfernten Straße gegen uns zu fallen und Geschosse um uns zu schwirren an. — Am Waldsaum blieb die Kette aus Reitern und Gewehrträgern gemischt (BB) stehen und erwiederte sehr sparsam und haushälterisch das von wenigstens 50 bis 60 zerstreuten Reitern lebhaft gegen uns gerichtete Feuer. Im Anfang zweifelten meine Gefährten einen Augenblick daran, ob wir Feinde und nicht vielmehr „von den Unsern" (naszi) vor uns hätten. Einer der Reiter, welcher die altpolnische Uniform (blau mit

Purpur) trug, sagte, er wolle dieß bald erfahren, ritt ganz gemüthlich etwa 10 Schritte vor den Wald in's Feld hinaus, und stellte sich da ruhig als Scheibe oder Erkennungszeichen hin. Sofort schwirrten vielleicht ein Dutzend Geschosse um ihn herum. Er lachte und mit dem Ausruf: „Nie naszi! Kosaki!" („Nicht von den Unsern! Kosaken!") kam er in den Wald zurück.

Die Polen deckten sich durch die Bäume und unterhielten ein mäßiges Feuer gegen das ziemlich lebhafte, aber durchaus unschädliche des Feindes, von welchem einige Mann durch das Feuer der Polen getroffen zu werden schienen. Indessen erschien auf oder rechts von der Straße einiges feindliches Fußvolk, wie es schien, durch unser Feuer herbeigezogen (F), und ließ ebenfalls 40 bis 50 Mann in Kette ihr Feuer gegen uns eröffnen. Links hingegen bei einem dort sichtbaren Dorfe (D) hörte man Hurrahruf, welcher vom Walde gegen das Dorf zu sich zu bewegen schien. Es war wirklich ein Angriff einer anderen Reiterabtheilung Krysinski's (C), welche feindliche Dragoner aus dem Dorfe herauswarf, ohne mehr Schaden als einen Säbelhieb über den Backen eines Reiters davonzutragen. — Bei der plänkelnden Abtheilung mochte das Schüssewechseln eine halbe Stunde gedauert haben; es begann zu dunkeln, und Unteroffiziere und Mannschaft fanden, die Wagen würden jetzt wohl Zeit gehabt haben, umzukehren und in Sicherheit gebracht worden sein. Ohne vom Feinde nahe bedrängt zu sein, stellte man das Feuer ein, beobachtete ihn noch einige Zeit, und da er sich nicht vorbewegte, so trat man den Rückzug an. Im letzten Augenblick that noch die geschlossene Abtheilung feindlicher Fußtruppen (ungefähr 100 Mann) dem schwachen Trüpplein Polen die Ehre an, zwei Pelotons- oder Divisionsfeuer auf dasselbe abzugeben, wiederum ohne die geringste Wirkung, außer musterhaft zusammenkrachendem Knall und vielfältigem Geschwirr und Gesaus, auffahrenden Erdräuchlein am Boden und Aestegeknatter. Im Laufschritt und Trab ging's in den Wald zurück. Dann wurde angehalten und —

theilweise mit dem Ohr auf der Erde — gehorcht. Es schien Niemand zu folgen. Der frühere Wagenplatz war verlassen. Weiterhin in einem unten befindlichen Sumpf waren Stimmen von Polen vernehmbar. Es waren die Pontonniers, welche eben die letzten Bäume einer über den durch den Sumpf fließenden Bach gebauten Brücke (G) auf das jenseitige Ufer zurückzogen und damit die Durchfahrt verrammelten. Jenseits reichte ein ziemlich steil abfallender waldbewachsener Hügelvorsprung in den Sumpf hinaus, von welchem man diesen trefflich übersehen konnte. Ueber diesen hinaus führte ein Steg tiefer in den Wald und nach etwa 1000 Schritt in das für die Nacht zu beiden Seiten des Weges gewählte Lager (H), in welches die Schützen, welche ihre Entsendung benutzten, um in einem nahen Dorfe einzukehren, erst am folgenden Morgen einrückten. Auf jenem Hügel stand eine starke Feldwache, ohne die geringste Anfechtung durch den Feind.

Ich hatte gesehen, wie einige Schüsse von einigen fast noch Knaben zu heißenden, mit den geringsten Flinten bewaffneten, Polen eine vier bis fünfmal so starke feindliche Macht zu einer bedeutenden Verschwendung von Pulver, Blei, Kapseln und sonstigem Kraftaufwand veranlaßt, und dabei glücklich ihren Zweck: Deckung des Rückzugs der ganzen Partei, erreicht hatte. — Das kann eine unbedeutende Truppe im eigenen Lande gegen einen fremden Feind.

Krysinski's Gefecht bei Suchawa am 7. Juli 1863. (Fig. XI.)

Während Krysinski am Rande des Waldes den ganzen Nachmittag den Feind vergeblich erwartete, kam durch den Wald ein Reiter angesprengt mit der Nachricht, daß der Feind den Wald auf der rechten oder Westseite umgangen habe und sich anschicke, der Partei in den Rücken zu fallen. — Sofort und zwar dießmal ohne Trompetenzeichen, sammelte Krysinski seine sämmtlichen Truppen auf der Straße, welche seine Stellung und den ganzen Wald durchschnitt, und führte sie in raschem Marsch, der etwa 1 Stunde dauern mochte, durch den Wald quer hindurch an dessen nördlichen Saum. Gegenüber zog sich eine Hügelreihe von Südwest nach Nordost und bis an den Theil des Waldes, der sich noch weiter gegen Norden erstreckte, und auf diesem waren feindliche Fußtruppen und Kosaken sichtbar, und zwar gerade nördlich und wie im Weitermarsch nach Osten begriffen. Der Theil der Hügelreihe gegen Westen oder zur Linken war dagegen unbesetzt. Indessen meldeten von dorther kommende Reiter, daß der Feind hinter diesem Hügel in der erwähnten Richtung von unserer Linken zur Rechten durchrücke und zwar Fußtruppen, Geschütz und Dragoner. Er hatte, wie wir später erfuhren, von Wlodawa im Laufe des Tages Verstärkung herbeigezogen, und zählte nun 4 Rotten (600 Mann) Fußvolk, 2 Geschütze, 1 Schwadron Dragoner und 1 Sotnie (100) Kosaken, mochte also ungefähr um die Hälfte oder mehr überlegen sein. Da er Krysinski im Süden des Waldes gefechtsbereit gefunden hatte, so umging er, von Bauern geführt, im Westen den Wald. Staubwolken hatten schon im Laufe des Nachmittags darauf hingedeutet, waren aber von den für genaue Beobachtung entsendeten Offizieren einer Viehheerde zugeschrieben worden.

Krysinski gelangte mit seinem Fußvolk gegenüber der Spitze oder dem linken Flügel des Feindes an den Waldrand. — Der Wald war in ganz forstgerechte, genau abgegrenzte Vierecke abgetheilt, welche sich gegen Westen oder links meist staffelförmig, bisweilen aber auch buchtartig zurücktretend hinzogen. Den Vierecken entsprechend zogen sich überall Wege durch, und namentlich war überall längs dem äußersten Saum des Waldes ein Fußpfad vorhanden, welcher uns sehr zu Statten kam. Man konnte auf demselben ziemlich verdeckt sich bewegen und doch den Feind gegenüber beobachten. Krysinski ließ sofort links seine Schützen (auf dem rechten Flügel) und seine Jäger (auf dem linken Flügel) ausbrechen, immer den Waldsaum besetzt haltend (AB). Da die ganze Kette über 1000, vielleicht über 1500 Schritte lang war, so war sie an vielen Stellen äußerst dünn, am stärksten gegenüber den sich nun in Schlachtordnung mit vorgeschobenen Plänklern (CC) aufstellenden, auf den Hügeln sichtbaren Fußtruppen. Die Sensenmänner blieben geschlossen in zwei Abtheilungen, wovon die eine ungefähr in der Mitte, sehr günstig, hinter einem in den Wald eintretenden Wiesen- oder Feldviereck, dem Feinde fast ganz verborgen und doch mit wenigen Schritten auf freiem Felde (D), die andere auf dem linken Flügel in ziemlich lichtem und niederem Buschwerk (E) aufgestellt wurden. Auf dem linken Flügel tummelten sich die Reiter (F) mit den hinter dem Hügel befindlichen Kosaken (G) und Dragonern (H) im Plänklergefecht. Andere Kosaken, etwa die Hälfte (I), stand neben dem Fußvolk. — Das Feuergefecht begann von Seiten des Feindes, sobald er seine Plänkler vorgesandt hatte, durch diese und die anschließenden Kosaken gegen die polnischen Schützen, und wurde vom Feinde in schulgerechter Lebhaftigkeit und Beständigkeit unterhalten, während die Polen nur sparsam und mit sicheren Schüssen antworteten, und auch hier war der Erfolg des Feindes, so lebhaft auch das Geschwirr und Gesaus, Staubaufwerfen und in's Holz Einschlagen der Geschosse war, im vollsten Sinne des Wortes gleich Null, — während man denn doch hie und da einen der Gegner zusammenstürzen sah, obgleich auch sie durch hohes Roggenfeld wenigstens bis an die Brust verborgen, freilich nicht wie wir durch Bäume fast ganz gedeckt waren. So dauerte das Feuer auf dem rechten Flügel ganz ruhig fort. Gegenüber der Mitte der Aufstellung zeigte sich kein Feind. Vor dem linken Flügel plänkelten die Reiter in der Weise, daß sie auf dem diesseitigen Flügelabhang ihre Gewehre luden, dann auf die Höhe hinauf, auch wohl jenseits etwas hinabritten und — selbst stets beweglich — einen Kosaken auf's Korn nahmen, schossen, zurückritten und so fort. Am bewegtesten war das Gefecht auf dem äußersten linken Flügel. Als die Jäger hier keinen Feind auf der Höhe vor sich sahen, traten sie aus dem Waldsaum hinaus und gingen die Höhe hinauf. Da kam eine halbe Schwadron Dragoner mit Hurrahruf auf ihre Mitte zugesprengt. Die Jäger zogen sich im Laufschritt auf ihren Sensenmänner-Rückhalt zurück. Deren Befehlshaber bildete wie auf dem Uebungsplatz das Viereck, das erste Glied knieend, die Sensen hinten auf die Erde gestützt, vorn in Brusthöhe der Pferde; das zweite Glied stehend und mit den Sensen auf Commando gleichmäßig niederhauend. Ein Offizier verspätete sich, konnte nicht mehr in's Viereck gelangen und fand sich zwischen diesem und dem Feind. Er warf sich gegen diesen auf die Kniee, und begann in sicherer Erwartung des Todes, zu beten. Die Dragoner sprengten näher heran, die Sensenmänner riefen: Hurrah, und — auf etwa 30 Schritt vom Viereck machten die Dragoner Kehrt und kamen nicht wieder. Der Betende blieb unversehrt. — Sein Geschütz (K) hatte der Feind an seinen linken Flügel hinter dem Höhenzug herangezogen, fand aber nicht für gut, es zu brauchen. — Das Plänklergefecht zwischen dem feindlichen Fußvolk und Kosaken, und polnischem Fußvolk und Reitern dauerte wohl 1 ½ Stunden bis nach Sonnenuntergang fort. Als die Dunkelheit am ferneren Schießen zu hindern begann, zog Krysinski mit derselben Ruhe wie auf dem Uebungsplatz und völlig unbelästigt seine Kette mit den Sensenmännern in der Mitte am Waldsaum zusammen und rückte ganz gemächlich, von der Reiterei gefolgt, gerade in den Wald hinein. Der Verlust der Polen bestand auch nicht in einem Tropfen Blut. — Der Feind verlor nach den zuverlässigsten Angaben 12, nach anderen 16 Mann. Ein bei den Reitern eingetheilter Edelmann, welcher wegen verwachsener Beine mit größter Mühe einige Schritte gehen konnte, dagegen zu Pferde ebenso vorzüglich ritt als schoß und bisher kein Wort deutsch gesprochen hatte, sagte mir im Vorbeireiten ganz kaltblütig: „Herr! 2 Kosaken fertig!" mit dem Finger auf sich selbst deutend. — „Nun wissen Sie, wie es zugeht, daß wir den Feind immer mehr Leute verlieren machen, als wir selbst verlieren. — Immer am Waldsaum!" sagte mir der schweizerische Schützenhauptmann. „Nun wird's in den russischen Zeitungen heißen: Oberst so und so habe die Rebellenbande des Krysinski am 7. Juli gänzlich geschlagen und in die Wälder zerstreut, und Oberst so und so wird decorirt oder befördert."

Rucki's Gefecht bei Szwiszczewo. (Fig. XII.)

war das erste, welches er seit Bildung seiner eigenen Partei bestand, man kann nicht sagen: lieferte, weil er bei demselben nicht handeln konnte, wie er wünschte. Die Parteien von Jankowski und Zelinski standen in seiner Nähe und hatten sich wechselseitige Hülfe versprochen. Da hörte man eines Morgens in Rucki's Lager in der Richtung der anderen Partei Gewehrfeuer und Kanonendonner. Rucki wollte sofort seine Anordnungen treffen, um ihr zu Hülfe zu kommen. Dieß dauerte aber dem Hauptmann der Jäger, einem tollkühnen kleinen Mann, welchem schon einige Handstreiche (wie z. B. die Befreiung einer Anzahl auf einem Edelhofe versammelter und dort von Russen verhafteter Eingeweihter) gelungen waren, zu lange. Ohne Befehl und Anfrage führte er seine Leute dem Feuer zu. Rucki war genöthigt, in Unordnung zu folgen. Der Jägerhauptmann kam mit der Spitze auf dem rechten Flügel von der andern Partei, die am Waldsaume stand, an, und sah sie gegenüber einer überlegenen Zahl Feinde mit zwei feuernden Geschützen, ohne zu beachten, daß von seiner Rechten her noch eine feindliche Abtheilung ebenfalls mit zwei Geschützen anrücke. Noch im Walde und dem Feinde verborgen, führte er mit lautem Hurrah seine Leute gegen die im Gefecht befindlichen Feinde. Dieß verrieth den Zuzug und die Stelle, wo er sich befand. Der Feind richtete sofort das Feuer seiner vier Geschütze kreuzend gegen diese Stelle, und zwar mit Kartätschen, welche sofort einige Wirkung thaten. Als Jankowski's und Zelinski's Partei sich auf diese Weise erleichtert fanden, und der Feind seine ganze Aufmerksamkeit auf die ihm der Zahl nach unbekannten Zuzügler richtete, benutzten jene die Gelegenheit abzuziehen, wohl nicht wissend, daß Rucki es mit doppeltem Angriff zu thun habe. Rucki fand sich verlassen, hielt es aber für besser, anstatt dem überlegenen Feinde durch sofortigen Rückzug seine

Schwäche zu zeigen, Widerstand zu leisten. Der Feind brauchte seine 4 Geschütze, mit welchen er im Ganzen 27 Kartätschschüsse that. Im Uebrigen beschränkte er sich auf ein Plänklerfeuer ohne ernsthaften Angriff. Einer Reiterabtheilung Rucki's gelang es, sich dem feindlichen Wagentroß zu nähern und einen Wagen mit wichtigen Schriften wegzufangen. Nach 5stündigem Gefechte hatte er nach seinen und seiner Offiziere Angaben 10 Todte und 12 Verwundete, nach anderen Angaben 15 Todte, 5 Verwundete. Den Feind schätzte man auf 4 Rotten (600 Mann) Fußvolk und 1 Sotnie (100) Kosaken, also auf 700 Mann mit 4 Geschützen. Die bedeutendste Folge dieses Gefechts war für ihn die beträchtliche Verminderung seiner Mannschaftszahl durch Ausreißen, womit er jedoch als mit einer Säuberung derselben von solchen, welche „nicht um sich zu schlagen, sondern um tüchtig zu fressen und zu saufen" zu ihm gestoßen waren, nicht sehr unzufrieden war. Dagegen war eine ziemlich gedämpfte Stimmung seiner Leute nach diesem Mißgeschick recht fühlbar.

Vereinigung mehrerer Parteien zu gemeinsamen Unternehmungen.

Alle einsichtigen polnischen Kriegsmänner sind darin einverstanden, daß eine augenblickliche, so zu sagen blitzschnelle Vereinigung der Parteien zu bestimmten größeren Streichen weitaus der Bildung größerer, beständig beisammen bleibender, deßhalb schwer beweglicher und leicht zu entdeckender Heertheile wenigstens auf so lange vorzuziehen ist, bis von außen der große Krieg im eigentlichsten Sinne des Wortes geführt werden kann. Dieser Gedanke fing gerade während meines dortigen Aufenthalts an, Wurzel zu fassen, und da sich während der letzten Zeit meines Verweilens bei Rucki auch die Parteien von Krysinski und von Jankowski und Zelinski so nahe beisammen fanden, daß die drei letzteren Anführer eines Tages bei Rucki zur so gut wie möglich festlichen Mahlzeit und Musterung seiner Partei einfinden konnten, so entwarf mit ihrer Zustimmung Major Rucki, als höchster und ältester, folgende Anordnungen zu zwei solchen Unternehmungen, unter denen er seinen Kameraden die Wahl lassen wollte.

I. Gemeinsamer Angriff auf die ungefähr 1500 Mann starken Moskowiten in Swierze. (Fig. XIII.)

1. Major Jankowski mit seiner Partei (500 Mann) bricht Morgens 3 Uhr von Lukuwek auf und geht über Ruda, Rudka, Hniszow nach Tartak. (Sein Rückzug geht nach Tarnow.)

2. Major Krysinski mit 500 Mann bricht Morgens um 4 Uhr von Bukowa wielka auf und rückt über Ruda auf Zalin, besetzt die Ziegelei von Dobrylow. (Rückzug ebenfalls nach Tarnow.)

3. Major Rucki bricht ebenfalls Morgens um 4 Uhr von Helendernia auf und geht über Zalin nach Wiegielnia. (Rückzug auf Swierczow.)

4. Die 3 verschiedenen Parteien benachrichtigen sich von der Ankunft an den ihnen angewiesenen Orten nächst Swierze durch den längs des Waldsaumes führenden Weg. — Sobald dieß geschehen ist, greift Major Krysinski von Dobrylow aus den Feind an, und schiebt, sobald das Gefecht ernsthaft wird, seine übrigen Truppen aus Zalin nach. Wenn der Feind mit möglichst starker Truppenzahl gegen ihn ausgerückt sein wird, greift auch Major Jankowski aus Tartak des Feindes rechten Flügel an. Weicht der Feind dem Bug nach aufwärts oder gegen Süden, so greift auch Major Rucki an, indem er ihm den Rückzug abzuschneiden sucht. Hält der Feind Stand, oder drängt er eine der zwei andern Abtheilungen zu stark, so sucht er ihm in die linke Flanke zu fallen. — Ich machte dem Major Rucki meine Bedenken bemerklich über die große Ausdehnung seines Schlachtfeldes (1 deutsche Meile) für bloß 1500 Mann, auch daß die Marschrichtungen der verschiedenen Abtheilungen zu häufig auf dieselben Straßen fallen. — Er ließ sich dadurch nicht bekehren. — Zur Ausführung kam es nicht.

II. Gemeinsamer Angriff auf das stark gelegene und mit reichen Vorräthen versehene Chelm. (Fig. XIV.)

Chelm liegt auf einem Hügel an einer Hauptstraße von Volhynien nach Warschau und enthält auf seinem höchsten Theile den Sitz eines ruthenischen Bischoffs (griechisch-katholischen Bekenntnisses), welcher aus festen Gebäuden besteht, die übrige Stadt beherrscht und vom Feinde aus kirchlichen Rücksichten nicht besetzt war. Major Jankowski sollte durch einen Nachtmarsch über Ruda und Serebrzysce sich diesem Stadttheil nähern, und den Bischofssitz überrumpeln, indessen die zwei andern Parteien über Sawin und Czulczyce anrücken und, sobald sie etwas vom Gefecht auf Jankowski's Seite merken würden, mit offener Macht angreifen sollten, um den Feind gegen Süden aus der Stadt zu drängen.

Auflösung der Parteien.

Krysinski war einmal in so bedrängter Lage, daß er für gut fand, seine Partei aufzulösen. Die Waffen wurden in einem entlegenen Theile des Waldes vergraben, alles Uebrige von mitgeführten Gegenständen, die man nicht ohne Aufsehen wegtragen konnte, anderswo zurückgelassen, jedem einzelnen Mann Zeit und Ort in angemessener Entfernung zur Wiederversammlung bestimmt und dann Jedem überlassen, sich zu retten, wie er könne, was den meisten ohne allzugroße Schwierigkeiten gelungen zu sein scheint. — Lelewel hat dieß Mittel öfter angewandt.

Beziehungen zur unbewaffneten Bevölkerung.

Nachrichtenwesen.

Zu den vorzüglichsten Erscheinungen beim polnischen Aufstand gehört die Einrichtung des Nachrichtenwesens. In jeder Ortschaft ist eine gewisse Zahl von Einwohnern aller möglichen Berufe, Stände, Geschlechter und Alter bestimmt, um allen in der Nähe befindlichen polnischen Truppen von jeder irgendwie bedeutenden Bewegung des Feindes Kenntniß zu bringen. Wenn eine moskowitische Truppe einrückt, zum Abmarsch bläst oder schlägt, marschfertig ist, in einer bestimmten Richtung ausrückt, geht jedesmal sofort ein Bote, also in obiger Reihe von Fällen 4 Boten nach einander, nach jeder Seite, wo die Polen vermuthet werden, ab und meldet im nächsten Dorfe, von wo die Nachricht auf dieselbe Weise weiter geht. Außerdem gibt es eigene sogenannte „unbewaffnete Gendarmen", welche sich mit nichts anderem als mit Herumreisen zum Sammeln und Ueberbringen der wichtigsten Nachrichten befassen. Ferner tragen eigens bestellte, sehr oft weibliche Couriere die wichtigsten schriftlichen Berichte auf's fleißigste den Befehlshabern und von ihnen den bürgerlichen Beamten zu. Sie gehen und kommen im Hauptquartier bisweilen fast alle halbe oder viertel Stunden. — Dazu kommen die fortwährenden zufälligen und freiwilligen Mittheilungen von Seiten der Bevölkerung.

Post, Lebensmittel-, Kleider- und Ausrüstungs-Lieferungen

sind ebenfalls in bester Ordnung eingerichtet; jene durch die von Edelhof zu Edelhof fahrenden, meist durch Boten vorausbestellten Wagen, die Lieferungen durch Vertheilungen derselben auf die Güter oder durch Ankauf.

Einquartierung, Spitäler.

Gastfreie Aufnahme findet der Aufständische durch eigens bestellte Beamten oder auch ohne ihre Hülfe, wo es nur immer möglich ist und oft mit großer Lebensgefahr der Quartiergeber. Im Verbergen der Einquartierten sind sie so geschickt, daß diese im gleichen Hause oft lange nichts von einander wissen. Spitäler bis zu 6 und 8 Zimmern mit 20 bis 30 ganz neuen guten, mit Matratzen und sämmtlichem Bettzeug versehenen Betten, nebst ebenso gut beschaffenen Tischen und Stühlen findet man bisweilen an ganz abgelegenen Orten mitten in den Urwäldern. Die Spitäler in Krakau sind meist musterhaft bezüglich der Ordnung, Reinlichkeit und Pflege eingerichtet.

Die verschiedenen Stände

verhalten sich auch verschieden zum Aufstand. Für dessen zuverlässigste Freunde gelten die Gutsbesitzer, dann kommen die Priester, die Eisenbahnangestellten, die städtischen Gewerbsleute. Einzelne Juden leisten oft ausgezeichnete Dienste, während andern weniger zu trauen ist. Verwalter, Pächter und Dienstleute der Gutsbesitzer sind nicht immer zuverlässig. Die Bauern endlich sind theilweise in Menge und im Großen ebenso entschiedene Freunde, als entschiedene Gegner, wenn auch nicht Feinde des Aufstandes.

Die Frauen

endlich spielen im gegenwärtigen Kriege eine so außerordentlich bedeutende Rolle, daß man sich im Ausland unmöglich einen Begriff davon machen kann, ohne es selbst gesehen zu haben. „Darum heißt man ja unsern Krieg einen Frauenkrieg!" sagte mir die Wittwe eines gefallenen Anführers, welche selbst alles nur Erdenkliche für die von ihm früher befehligte Partei und den Aufstand überhaupt that und wohl noch thut. Die Frauen sind die wahre Seele des Aufstandes. Jeder Stand und jede Farbe unter den Männern haben ihre Gegner. Vor den Frauen beugt sich Alles! „Wir sind von unsern Müttern aus den dreißiger Jahren zehn Mal entschiedener erzogen worden, als sie waren. Sie waren zehn Mal entschiedener als ihre Mütter in den neunziger Jahren, und wir werden unsere Töchter zehn Mal entschiedener erziehen, als wir selbst sind; die Moskowiten mögen uns nach Sibirien führen, uns an Fremde verheirathen. — Mit der Muttermilch werden wir unsern Kindern die Liebe zum Mutterlande Polen, den Haß gegen seine Bedrücker einflößen. Um vor stets erneuerten Kämpfen sicher zu sein, bleibt ihnen nichts, als uns alle zu tödten!"

In unsern, von Selbstgenügsamkeit übersättigten Zeiten laufe ich Gefahr, wenn ich diesen Gegenstand vollständig darstellen wollte, wie ich ihn mit eigenen Augen und Ohren beobachtet habe, soweit er von eigentlicher Bedeutung für den Krieg ist, — besonders in einem Bericht an die Behörde — verlacht zu werden. Dessenungeachtet sind diese Beobachtungen wenigstens für mich nicht verloren.

Schlußwort.

Der heutige Polenkrieg hat für den denkenden Schweizer Wehrmann, der ihn näher beobachtet hat, eine große Bedeutung nicht bloß vom staatlichen Standorte aus, sondern vorzüglich als allgemeiner Volkskrieg und als Parteigängerkrieg. Als allgemeiner Volkskrieg dient er uns als schwer zu übertreffendes Muster für die innige Begeisterung, die Aufopferungsfähigkeit, Hochherzigkeit, die außerordentliche Ausdauer im unverzagten Muth, — ferner für das mitten unter feindlicher Waffenübermacht fortdauernde allgewaltige, auf jenen Tugenden fußende Fortwirken der Volksbehörden, für die Vorzüglichkeit des Nachrichtenwesens und für die Bewaffnung der Bevölkerung, soweit sie nicht zum Schießen tüchtig ist, mit einfachen, leicht zu beschaffenden Hand-, Hieb- und Stichwaffen, — dann ganz besonders auch durch die Lehre, daß der Volkskrieg je länger voraus und je besser er vorbereitet ist, desto wirksamer geführt werden kann. Die Anschauung des polnischen Parteigängerkriegs läßt uns einen ähnlichen an sehr vielen Theilen der Schweiz als leicht anwendbar und außerordentlich wirksam erscheinen, und dabei können ganz besonders ihre Märsche und Streifzüge, dann ihre Waldgefechte, ihre Verwendung der Scharfschützen und der schlecht bewaffneten Mannschaft als vorzügliches Muster gelten.

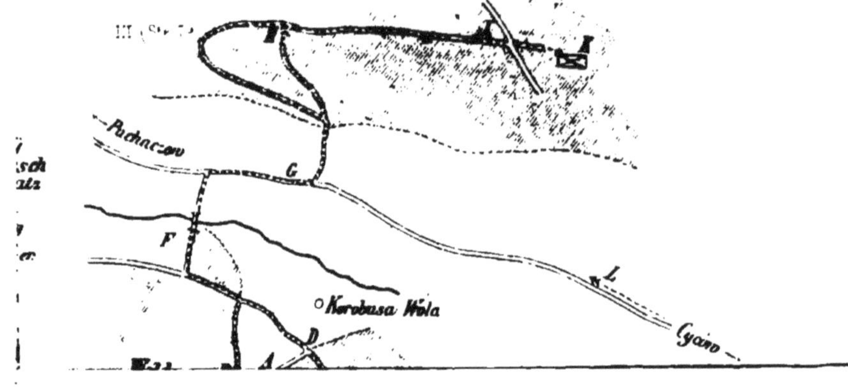

XIV Reise
des Verfassers.
(Ste: 1-4)

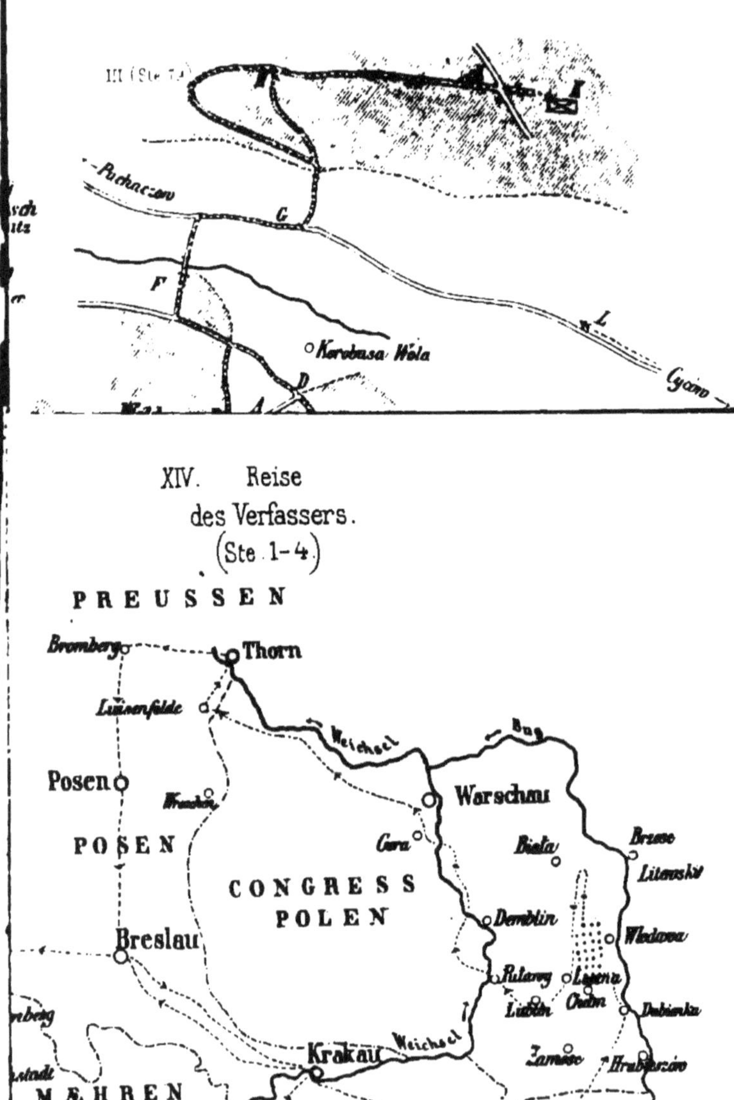
G
F
D
L
Korobasa Wola
XIV. Reise
des Verfassers.
(Ste 1-4)
PREUSSEN
Bromberg
Thorn
Posen
POSEN
Weichsel
Bug
Warschau
Gora
Biala
Brzesc
Litewski
CONGRESS
POLEN
Demblin
Wlodawa
Pulawy
Lublin
Chelm
Dubienka
Breslau
Krakau
Weichsel
Zamosc
Hrubieszow
MÆHREN
Bielitz
Lemberg
Olmütz
GALLICIEN